영어 문해력을 키우는

초등 영어 글쓰기

이솝 우화 편

영어 문해력을 키우는

초등 영어 글쓰기 (이솝 우화 편)

지은이 허준석, 이재영, 김혜림, 오유나
펴낸이 임상진
펴낸곳 (주)넥서스

초판 1쇄 발행 2022년 1월 3일
초판 2쇄 발행 2022년 1월 7일

출판신고 1992년 4월 3일 제311-2002-2호
주소 10880 경기도 파주시 지목로 5
전화 (02)330-5500 팩스 (02)330-5555

ISBN 979-11-6683-181-2 63740

www.nexusbook.com

영어 문해력을 키우는
초등 영어 글쓰기

이솝 우화 편

넥서스에듀

머리말

영어 '쓰기'는 우리나라 초등학생들이 가장 어려워하는 영역 중 하나입니다. 이 책은 초등학생들이 영어 '쓰기'를 좀 더 쉽고 재미있게 공부할 수 있도록 도움을 주고자 기획되었습니다.

영어 '쓰기'를 학습하기 위해서는 먼저 하나의 완성된 영어 텍스트가 있어야 합니다. 영어는 외국어이기 때문에 단순히 한국어 문장을 제시하고, 그것을 영어로 써 보라고 하는 것은 너무 큰 부담을 줄 수 있습니다. 그래서 이 책은 영어 이솝 우화를 먼저 한 편씩 제시하여 읽기 활동을 통해 영어 문장을 이해하는 것에서부터 출발합니다.

영어 '쓰기' 학습을 할 때에 주어진 영어 텍스트가 너무 어렵거나 길면 학생들이 흥미를 갖기 어렵습니다. 그래서 초등학생들이 이미 많이 접해서 친숙한 이솝 우화 25개를 주제로 하였습니다. '개미와 베짱이', '토끼와 거북이' 등의 이솝 우화는 초등학생들이 이미 내용을 어느 정도 알고 있기 때문에 영어로 제시된 글을 좀 더 쉽게 이해할 수 있습니다. 또한 이솝 우화 한 편이 영어 문장 10개의 짧은 분량으로 정리되어 있어서 누구나 부담 없이 학습할 수 있습니다.

영어 '쓰기'를 잘하기 위해서는 반복 학습이 필요합니다. 이솝 우화를 읽고, 그 후에 제시되는 '내용 이해하기', '새로운 이야기 쓰기 준비', '새로운 이야기 쓰기' 부분에서 새로운 이야기를 창작함과 동시에 학생들은 자연스럽게 쓰면서 반복 학습을 하게 됩니다.

〈이솝 우화 읽기〉 → 〈내용 이해하기〉 → 〈새로운 이야기 쓰기 준비〉 → 〈새로운 이야기 쓰기〉라는 4단계 학습을 통해 체계적인 영어 '쓰기' 학습이 가능합니다. 먼저 10문장으로 간추린 이솝 우화 읽기를 통해 전체적인 내용을 파악합니다. '내용 이해하기' 부분에서는 등장 인물, 장소, 사건, 결말이라는 이야기의 중요 요소를 중심으로 세부 내용을 이해합니다. 이 과정에서 이야기의 내용뿐만 아니라 이야기 구조도 함께 이해할 수 있습니다. '새로운 이야기 쓰기 준비'는 기존의 이솝 우화에서 인물, 장소, 주요 사건, 결말이 일부분 바뀌어서 제시됩니다. 여기에서는 영어 문장의 형태는 비슷하지만 새롭게 제시되는 단어와 표현을 익히면서 풍부한 글쓰기를 준비할 수 있습니다. 마지막으로 '새로운 이야기 쓰기'에서는 기존의 이솝 우화를 바탕으로 새롭게 쓰여진 이야기 전체를 다시 한번 쓰면서 '반복'을 통해 쓰기 학습을 마무리합니다.

중학교부터는 영어 서술형에 대한 부담감이 생길 수 있습니다. 그래서 초등학교 때부터 영어 쓰기에 대한 자신감을 쌓는 것이 중요합니다. 이 책을 통해 어렵게만 느껴지던 영어 '쓰기' 학습을 쉽고 재미있게 할 수 있기를 바랍니다.

저자일동

구성 및 특징

① 이솝 우화 읽기

이솝 우화를 원어민
mp3를 들으며 재미있게
읽으세요.

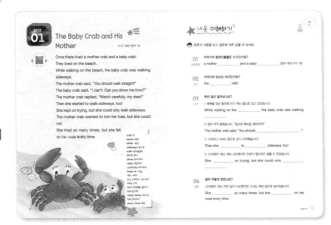

② 내용 이해하기

재미있게 읽은 이솝 우화를
구조화해서 세부 내용을 파
악해 보세요.

③ 쓰기 준비

등장 인물과 장소를
바꿔 새로운 이야기의
구조를 만들어 보세요.

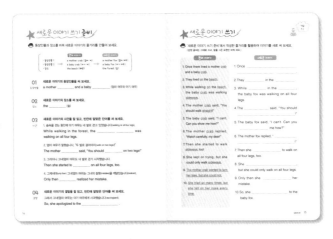

④ 새로운 이야기 쓰기

<쓰기 준비>에서 작성
한 이야기 구조를 활용
해서 새로운 이야기를
써 보세요.

5주 완성 스케줄 표 & 칭찬 스티커

한 Unit이 끝날 때마다 스케줄 표에
칭찬 스티커를 붙여 주세요. 동기 부여
가 되어 더 열심히 할 수 있어요.

목차

★정답 및 해석★

나 _____ 은/는 앞으로 5주 동안
꾸준히 영어 글쓰기를 하겠습니다.

사인 _____

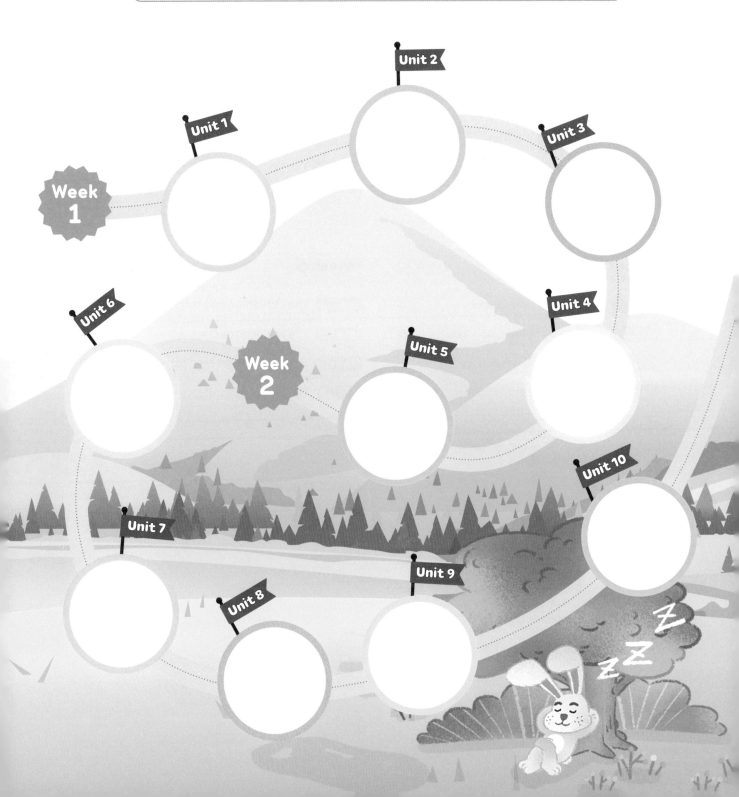

Week 1

The Baby Crab and His Mother

아기 게와 엄마 게

Once there lived a mother crab and a baby crab.

They lived on the beach.

While walking on the beach, the baby crab was walking sideways.

The mother crab said, "You should walk straight!"

The baby crab said, "I can't. Can you show me how?"

The mother crab replied, "Watch carefully, my dear!"

Then she started to walk sideways, too!

She kept on trying, but she could only walk sideways.

The mother crab wanted to turn her toes, but she could not.

She tried so many times, but she fell on her nose every time.

crab 게
beach 해변
while ~동안
sideways 옆으로
walk straight
똑바로 걷다
show 보여 주다
reply 대답하다
carefully 주의하여
keep on -ing
계속 ~하다
try 노력하다, 시도하다
only 오직
turn (방향을) 돌리다
toe 발가락
many times 여러 번
fall 넘어지다
every time 매번

내용 이해하기

정답 P.2

본문의 내용을 읽고 질문에 대한 답을 써 보세요.

01 이야기의 등장인물들은 누구인가요?

등장인물

a mother _____ and a baby _____ (엄마 게와 아기 게)

02 이야기의 장소는 어디인가요?

장소

the _____ (해변)

03 무슨 일이 일어났나요?

사건

1. 해변을 걷는 동안에 아기 게는 옆으로 걷고 있었습니다.

While walking on the _____, the baby crab was walking _____.

2. 엄마 게가 말했습니다. "앞으로 똑바로 걸어야지!"

The mother crab said, "You should _____ _____!"

3. 그러더니 그녀도 옆으로 걷기 시작했습니다!

Then she _____ to _____ sideways, too!

4. 그녀(엄마 게)는 계속 시도했지만 오로지 옆으로만 걸을 수 있었습니다.

She _____ on trying, but she could only _____ _____.

04 결국 어떻게 되었나요?

결말

그녀(엄마 게)는 아주 많이 시도했지만, 그녀는 매번 앞으로 넘어졌습니다.

She _____ so many times, but she _____ on her nose every time.

새로운 이야기 쓰기 준비

👦 등장인물과 장소를 바꿔 새로운 이야기의 줄거리를 만들어 보세요.

	원래 이야기	새로운 이야기
* 등장인물 1	a mother crab (엄마 게)	a mother fox (엄마 여우)
* 등장인물 2	a baby crab (아기 게)	a baby fox (아기 여우)
* 장소	the beach (해변)	the forest (숲)

01
등장인물

새로운 이야기의 등장인물을 써 보세요.

a mother _____ and a baby _____ (엄마 여우와 아기 여우)

02
장소

새로운 이야기의 장소를 써 보세요.

the _____ (숲)

03
사건

새로운 이야기의 사건을 잘 읽고, 빈칸에 알맞은 단어를 써 보세요.

1. 숲속을 걷는 동안에 아기 여우는 네 발로 걷고 있었습니다(walking on all four legs).

While walking in the forest, the _____ _____ was walking on all four legs.

2. 엄마 여우가 말했습니다. "두 발로 걸어야지(walk on two legs)!"

The mother _____ said, "You should _____ on two legs!"

3. 그러더니 그녀(엄마 여우)도 네 발로 걷기 시작했습니다.

Then she started to _____ on all four legs, too.

4. 그제야(only then) 그녀(엄마 여우)는 그녀의 잘못(mistake)을 깨달았습니다(realized).

Only then _____ realized her mistake.

04
결말

새로운 이야기의 결말을 잘 읽고, 빈칸에 알맞은 단어를 써 보세요.

그래서 그녀(엄마 여우)는 아기 여우에게 사과했습니다(apologized).

So, she apologized to the _____ _____ .

14

 새로운 이야기 쓰기

정답 P.2

'새로운 이야기 쓰기 준비'에서 작성한 줄거리를 활용하여 이야기를 새로 써 보세요.
(검정 글씨는 그대로 쓰고, 밑줄 그은 표현만 바꿔 써요.)

원래 이야기

1. Once there lived a mother <u>crab</u> and a baby <u>crab</u>.

2. They lived <u>on</u> the <u>beach</u>.

3. While walking <u>on</u> the <u>beach</u>, the baby <u>crab</u> was walking <u>sideways</u>.

4. The mother <u>crab</u> said, "You should walk <u>straight</u>!"

5. The baby <u>crab</u> said, "I can't. Can you show me how?"

6. The mother <u>crab</u> replied, "Watch carefully, my dear!"

7. Then she started to walk <u>sideways</u>, too!

8. She kept on trying, but she could only walk <u>sideways</u>.

9. <u>The mother crab wanted to turn her toes, but she could not.</u>

10. <u>She tried so many times, but she fell on her nose every time.</u>

새로운 이야기

1. Once _____ _____.

2. They _____ in the _____.

3. While _____ in the _____, the baby fox was walking on all four legs.

4. The _____ said, "You should _____!"

5. The baby fox said, "I can't. Can you _____ me how?"

6. The mother fox replied, "_____ _____!"

7. Then she _____ to walk on all four legs, too.

8. She _____, but she could only walk on all four legs.

9. Only then she _____ her _____.

10. So, she _____ to the _____.

The Fox and the Stork

여우와 황새

One day, the stork went to the fox's house for dinner.

The fox poured some soup in the shallow dishes.

The fox quickly ate all of his soup.

But the stork's beak was too long to eat any.

The fox asked, "Aren't you hungry?"

The stork replied, "I'm not hungry right now."

The next day, the fox was invited to the stork's house.

This time, the stork poured some soup into the narrow neck jars.

The stork ate all of his soup, but the fox couldn't.

This time, the fox had to leave with an empty stomach.

stork 황새
dinner 저녁 식사
pour 따르다
shallow 얕은
dish 접시
quickly 빠르게
beak 부리
reply 대답하다
invite 초대하다
narrow 좁은
jar 병
leave 떠나다
empty 비어 있는
stomach 배, 위장

★ 내용 이해하기

👦 본문의 내용을 읽고 질문에 대한 답을 써 보세요.

01
등장인물

이야기의 등장인물들은 누구인가요?

a _____ and a _____ (여우와 황새)

02
장소

이야기의 장소 두 곳은 어디인가요?

the fox's _____ and the stork's _____ (여우의 집과 황새의 집)

03
사건

무슨 일이 일어났나요?

1. 여우는 얕은 접시들에 수프를 따랐습니다.

The fox _____ some soup in the _____ dishes.

2. 그런데 황새의 부리가 너무 길어서 수프를 하나도 먹을 수가 없었습니다.

But the stork's _____ was too _____ to eat any.

3. 이번에는 황새가 목이 좁은 병에 수프를 따랐습니다.

This time, the stork poured some _____ into the _____ neck jars.

4. 황새는 그의 수프를 모두 먹었지만 여우는 먹을 수 없었습니다.

The stork _____ all of his _____, but the fox couldn't.

04
결말

결국 어떻게 되었나요?

이번에는 여우가 배고픈 채로 떠나야 했습니다.

This time, the fox had to _____ with an _____ stomach.

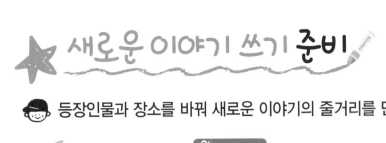

새로운 이야기 쓰기 준비

👦 등장인물과 장소를 바꿔 새로운 이야기의 줄거리를 만들어 보세요.

	원래 이야기	**새로운 이야기**
* 등장인물 1	a fox (여우)	a rabbit (토끼)
* 등장인물 2	a stork (황새)	a crane (두루미)
* 장소1	the fox's house (여우의 집)	the rabbit's house (토끼의 집)
* 장소2	the stork's house (황새의 집)	the crane's house (두루미의 집)

01
등장인물

새로운 이야기의 등장인물을 써 보세요.

a _____ and a _____ (토끼와 두루미)

02
장소

새로운 이야기의 장소 두 곳을 써 보세요.

the _____ _____ and the _____ _____

(토끼의 집과 두루미의 집)

03
사건

새로운 이야기의 사건을 잘 읽고, 빈칸에 알맞은 단어를 써 보세요.

1. 토끼는 얕은 접시들에 수프를 따랐습니다.

The _____ poured some soup in the shallow _____ .

2. 그런데 두루미의 부리가 너무 길어서 수프를 하나도 먹을 수 없었습니다.

But the _____ 's beak was too _____ to eat any.

3. 이번에는 두루미가 수프를 얕은 접시와 목이 좁은 병에 따랐습니다.

This time, the _____ poured some soup in a shallow dish and a narrow neck jar.

4. 그래서 그들은 둘 다(both) 수프를 먹을 수 있었습니다.

So, they both could eat their _____ .

04
결말

새로운 이야기의 결말을 잘 읽고, 빈칸에 알맞은 단어를 써 보세요.

그러자 토끼는 두루미에게 사과했습니다(apologized).

Then the _____ apologized to the _____ .

'새로운 이야기 쓰기 준비'에서 작성한 줄거리를 활용하여 이야기를 새로 써 보세요.
(검정 글씨는 그대로 쓰고, 밑줄 그은 표현만 바꿔 써요.)

원래 이야기

1. One day, the <u>stork</u> went to the <u>fox</u>'s house for dinner.

2. The <u>fox</u> poured some soup in the shallow dishes.

3. The <u>fox</u> quickly ate all of his soup.

4. But the <u>stork</u>'s beak was too long to eat any.

5. The <u>fox</u> asked, "Aren't you hungry?"

6. The <u>stork</u> replied, "I'm not hungry right now."

7. The next day, the <u>fox</u> was invited to the <u>stork</u>'s house.

8. This time, <u>the stork poured some soup into the narrow neck jars.</u>

9. <u>The stork ate all of his soup, but the fox couldn't.</u>

10. <u>This time, the fox had to leave with an empty stomach.</u>

새로운 이야기

1. One day, _____
   _____ .

2. The _____
   _____ .

3. The _____
   _____ .

4. But _____
   _____ .

5. The _____ asked, "_____
   _____ ?"

6. The crane replied, "_____
   _____ ."

7. The next day, _____
   _____ .

8. This time, the _____ poured some
   _____ in a shallow _____
   and a _____ neck _____ .

9. So, they _____ could _____
   their _____ .

10. Then the _____ apologized to
    the _____ .

The Ant and the Dove

개미와 비둘기

One day, an ant came out to drink some water from the pond.

While drinking water, he slipped and fell into the water.

"Help! Help!" cried the ant.

Just then, a dove passing by saw the ant.

The dove quickly grabbed a leaf and threw it to the ant.

The ant climbed onto the leaf and thanked the dove.

A few days later, the ant saw the dove again.

A hunter was trying to throw a net over the dove.

The ant quickly bit the hunter's ankle!

The hunter dropped the net and the ant saved the dove.

ant 개미
dove 비둘기
pond 연못
while ~하는 동안
slip 미끄러지다
fall 떨어지다, 빠지다
pass by 옆을 지나가다
grab 잡다
leaf 나뭇잎
throw 던지다
climb onto
~의 위로 기어오르다
thank 고마워하다
bite 물다
ankle 발목
drop 떨어뜨리다

 **내용 이해하기**

본문의 내용을 읽고 질문에 대한 답을 써 보세요.

01 이야기의 등장인물들은 누구인가요?

등장인물 an _____ , a _____ , and a _____ (개미, 비둘기, 사냥꾼)

02 이야기의 장소는 어디인가요?

장소 the _____ (연못)

03 무슨 일이 일어났나요?

사건 1. 물을 마시는 동안, 그(개미)는 미끄러져서 물에 빠졌습니다.

While drinking water, he _____ and _____ into the water.

2. 비둘기는 재빨리 나뭇잎을 잡아서 개미에게 던졌습니다.

The dove quickly grabbed a _____ and threw it _____ the ant.

3. 한 사냥꾼이 비둘기 위에 그물을 던지려 하고 있었습니다.

A _____ was trying to throw a _____ over the dove.

4. 개미는 재빨리 사냥꾼의 발목을 물었습니다!

The ant quickly bit the hunter's _____ !

04 결국 어떻게 되었나요?

결말 사냥꾼은 그물을 떨어뜨렸고, 개미는 비둘기를 구했습니다.

The hunter _____ the net, and the ant saved the _____ .

👦 등장인물과 장소를 바꿔 새로운 이야기의 줄거리를 만들어 보세요.

원래 이야기	새로운 이야기
* 등장인물 1 an ant (개미)	a ladybug (무당벌레)
* 등장인물 2 a dove (비둘기)	a fish (물고기)
* 등장인물 3 a hunter (사냥꾼)	a fisherman (어부)
* 장소 the pond (연못)	the stream (개울)

01
등장인물

새로운 이야기의 등장인물을 써 보세요.

a _____ , a _____ , and a _____ (무당벌레, 물고기, 어부)

02
장소

새로운 이야기의 장소를 써 보세요.

the _____ (개울)

03
사건

새로운 이야기의 사건을 잘 읽고, 빈칸에 알맞은 단어를 써 보세요.

1. 물을 마시는 동안, 그(무당벌레)는 미끄러져서 물에 빠졌습니다.

While _____ water, he _____ and fell into the water.

2. 물고기는 재빨리 무당벌레에게 나뭇가지(branch)를 가져다주었습니다(brought).

The _____ quickly brought a branch over to the _____ .

3. 한 어부가 물고기 위에 그물을 던지려 하고 있었습니다.

A _____ was trying to throw a net over the _____ .

4. 무당벌레는 재빨리 어부의 손가락(finger)을 물었습니다.

The _____ quickly bit the _____ finger!

04
결말

새로운 이야기의 결말을 잘 읽고, 빈칸에 알맞은 단어를 써 보세요.

어부는 그물을 떨어뜨렸고, 무당벌레는 물고기를 구했습니다.

The _____ dropped the net and the _____ saved

the _____ .

'새로운 이야기 쓰기 준비'에서 작성한 줄거리를 활용하여 이야기를 새로 써 보세요.
(검정 글씨는 그대로 쓰고, 밑줄 그은 표현만 바꿔 써요.)

원래 이야기

1. One day, <u>an ant</u> came out to drink some water from the <u>pond</u>.

2. While drinking water, he slipped and fell into the water.

3. "Help! Help!" cried the <u>ant</u>.

4. Just then, <u>a dove passing by saw the ant.</u>

5. <u>The dove quickly grabbed a leaf and threw it to the ant.</u>

6. The <u>ant</u> climbed onto the <u>leaf</u> and thanked the <u>dove</u>.

7. A few days later, the <u>ant</u> saw the <u>dove</u> again.

8. A <u>hunter</u> was trying to throw a net over the <u>dove</u>.

9. The <u>ant</u> quickly bit the <u>hunter</u>'s <u>ankle!</u>

10. The <u>hunter</u> dropped the net and the <u>ant</u> saved the <u>dove</u>.

새로운 이야기

1. One day, _____ _____ _____ .

2. While drinking water, _____ _____ .

3. "Help! Help!" _____ .

4. Just then, a _____ in the stream saw the _____ .

5. The _____ quickly brought a branch over to the _____ .

6. The _____ _____ .

7. A few days later, _____ _____ .

8. A _____ _____ .

9. The _____ _____ !

10. The _____ _____ .

The Two Goats

두 마리의 염소

Once there lived a white goat and a brown goat.

They lived next to the river with a very narrow bridge.

One day, the two goats both needed to cross the bridge.

The goats met face to face in the middle of the bridge.

They both wanted to go first.

So, they began to fight.

The white goat said, "I'm older than you!"

The brown goat said, "I'm stronger than you!"

Eventually, they both started to lose their balance.

So, the two goats both fell off the bridge.

narrow 좁은
bridge 다리
both 둘 다
meet 만나다
face to face 마주 보는
in the middle of
~의 중간에
first 먼저
fight 싸우다
lose 잃다
balance 균형
fall off
~에서 떨어지다

내용 이해하기

정답 P.3

본문의 내용을 읽고 질문에 대한 답을 써 보세요.

01 이야기의 등장인물들은 누구인가요?

등장인물 a white _____ and a brown _____ (하얀 염소와 갈색 염소)

02 이야기의 장소는 어디인가요?

장소 the _____ (강)

03 무슨 일이 일어났나요?

사건 1. 그래서 그들은 싸우기 시작했습니다.

So, they began to _____ .

2. 하얀 염소가 말했습니다. "내가 너보다 나이가 많아!"

The white goat said, "I'm _____ than you!"

3. 갈색 염소가 말했습니다. "내가 너보다 힘이 세!"

The brown goat said, "I'm _____ than you!"

4. 결국 그들은 둘 다 균형을 잃기 시작했습니다.

Eventually, they _____ started to lose their _____ .

04 결국 어떻게 되었나요?

결말 그래서 두 마리의 염소는 모두 다리에서 떨어졌습니다.

So, the two goats both _____ _____ the bridge.

★ 새로운 이야기 쓰기 준비

👦 등장인물과 장소를 바꿔 새로운 이야기의 줄거리를 만들어 보세요.

	원래 이야기	새로운 이야기
＊ 등장인물 1	a white goat (하얀 염소)	a white horse (하얀 말)
＊ 등장인물 2	a brown goat (갈색 염소)	a brown horse (갈색 말)
＊ 장소	the river (강)	the lake (호수)

01
등장인물

새로운 이야기의 등장인물을 써 보세요.

a _____ _____ and a _____ _____

(하얀 말과 갈색 말)

02
장소

새로운 이야기의 장소를 써 보세요.

the _____ (호수)

03
사건

새로운 이야기의 사건을 잘 읽고, 빈칸에 알맞은 단어를 써 보세요.

1. 그래서 그들은 싸우기 시작했습니다.

So, they _____ to _____ .

2. 하얀 말이 말했습니다. "내가 너보다 나이가 많아!"

The white _____ said, "I'm order _____ you!"

3. 잠시 후에 갈색 말이 말했습니다. "난 더 이상(anymore) 싸우고 싶지 않아. 너 먼저 가."

After a while, the _____ _____ said, "I don't want to fight
anymore. You can go first."

4. 하얀 말은 미안한 마음이 들었고(felt bad), 사과도 했습니다(apologized as well).

The _____ _____ felt bad and apologized as well.

04
결말

새로운 이야기의 결말을 잘 읽고, 빈칸에 알맞은 단어를 써 보세요.

그래서 두 마리의 말은 한 마리씩(one at a time) 다리를 건넜습니다.

So, the two _____ crossed the _____ one at a time.

'새로운 이야기 쓰기 준비'에서 작성한 줄거리를 활용하여 이야기를 새로 써 보세요.
(검정 글씨는 그대로 쓰고, 밑줄 그은 표현만 바꿔 써요.)

원래 이야기

1. Once there lived a white <u>goat</u> and a brown <u>goat</u>.

2. They lived next to the <u>river</u> with a very narrow bridge.

3. One day, the two <u>goats</u> both needed to cross the bridge.

4. The <u>goats</u> met face to face in the middle of the bridge.

5. They both wanted to go first.

6. So, they began to fight.

7. The white <u>goat</u> said, "I'm older than you!"

8. <u>The brown goat said, "I'm stronger than you!"</u>

9. <u>Eventually, they both started to lose their balance.</u>

10. So, the two <u>goats both fell off the bridge.</u>

새로운 이야기

1. Once _____ _____.

2. They lived _____ _____.

3. One day, _____ _____.

4. The _____ _____ _____.

5. They _____.

6. So, _____.

7. The white _____ said, "_____ _____!"

8. After a while, the brown _____ said, "I don't want to _____ anymore. You can go _____."

9. The _____ felt _____ and _____ as well.

10. So, the two _____ crossed the bridge _____ at a _____.

The Donkey and the Salt

당나귀와 소금

MP3 듣기

Long ago, there lived a salt merchant and a donkey.

The salt merchant always put heavy bags on the donkey's back.

One day, the donkey had to carry heavy bags of salt.

While crossing a stream, the donkey fell into the water.

Then he realized the bags were lighter.

The donkey thought, "I should fall into the water to make the bags lighter!"

The next day, the salt merchant put a lot of cotton on the donkey's back.

This time, the donkey fell in the water on purpose.

But the bags became much heavier.

So, the donkey had to carry heavier bags than before.

long ago 옛날에
merchant 상인
always 항상
heavy 무거운
bag 자루
back 등
have to ~해야 한다
carry 운반하다
while ~하는 동안
cross 건너다
stream 개울
realize 깨닫다
lighter 더 가벼운
(light의 비교급)
a lot of 많은
cotton 솜
on purpose 일부러
become ~되다
before ~전에

 내용 이해하기

본문의 내용을 읽고 질문에 대한 답을 써 보세요.

01
등장인물

이야기의 등장인물들은 누구인가요?

a salt _____ and a _____ (소금 장수와 당나귀)

02
장소

이야기의 장소는 어디인가요?

a _____ (개울)

03
사건

무슨 일이 일어났나요?

1. 그때 그는 자루가 더 가벼워진 것을 깨달았습니다.

Then he realized the bags were _____.

2. 다음 날, 소금 장수는 당나귀 등에 많은 양의 솜을 실었습니다.

The next day, the salt merchant put a lot of _____ on the donkey's _____.

3. 이번에는 당나귀가 일부러 물에 빠졌습니다.

This time, the donkey _____ in the water on _____.

4. 하지만 자루는 더욱 더 무거워졌습니다.

But the bags became much _____.

04
결말

결국 어떻게 되었나요?

그래서 당나귀는 전보다 더 무거운 자루를 운반해야 했습니다.

So, the donkey had to _____ heavier bags than _____.

🧢 등장인물과 장소를 바꿔 새로운 이야기의 줄거리를 만들어 보세요.

	원래 이야기	**새로운 이야기**
* 등장인물 1	a salt merchant (소금 장수)	a sugar merchant (설탕 장수)
* 등장인물 2	a donkey (당나귀)	a horse (말)
* 장소	a stream (개울)	a river (강)

01
등장인물

새로운 이야기의 등장인물을 써 보세요.

a _____ _____ and a _____ (설탕 장수와 말)

02
장소

새로운 이야기의 장소를 써 보세요.

a _____ (강)

03
사건

새로운 이야기의 사건을 잘 읽고, 빈칸에 알맞은 단어를 써 보세요.

1. 그때 그는 자루가 더 가벼워진 것을 깨달았습니다.

Then he _____ the bags were lighter.

2. 다음 날, 설탕 장수는 말의 등에 더 많은(more) 설탕(sugar)을 실었습니다.

The next day, the _____ _____ put more sugar on the _____ 's back.

3. 이번에는 말이 일부러 물에 빠졌습니다.

This time, the _____ fell in the _____ on purpose.

4. 자루가 더욱(much) 더 가벼워졌습니다.

The _____ became much lighter.

04
결말

새로운 이야기의 결말을 잘 읽고, 빈칸에 알맞은 단어를 써 보세요.

그래서 설탕 장수는 말에게 화가 났습니다.

So, the _____ _____ got angry at the _____ .

  새로운 이야기 쓰기

'새로운 이야기 쓰기 준비'에서 작성한 줄거리를 활용하여 이야기를 새로 써 보세요.
(검정 글씨는 그대로 쓰고, 밑줄 그은 표현만 바꿔 써요.)

원래 이야기

1. Long ago, there lived a <u>salt</u> merchant and a <u>donkey</u>.

2. The <u>salt</u> merchant always put heavy bags on the <u>donkey</u>'s back.

3. One day, the <u>donkey</u> had to carry heavy bags of <u>salt</u>.

4. While crossing a <u>stream</u>, the <u>donkey</u> fell into the water.

5. Then he realized the bags were lighter.

6. The <u>donkey</u> thought, "I should fall into the water to make the bags lighter!"

7. The next day, the <u>salt</u> merchant put <u>a lot of</u> <u>cotton</u> on the <u>donkey</u>'s back.

8. This time, the <u>donkey</u> fell in the water on purpose.

9. <u>But the bags became much heavier.</u>

10. So, <u>the donkey had to carry heavier bags than before.</u>

새로운 이야기

1. Long ago, ＿＿＿＿＿＿＿＿＿＿
＿＿＿＿＿＿＿＿＿＿＿＿＿＿.

2. The ＿＿＿＿＿＿＿＿＿＿＿＿
＿＿＿＿＿＿＿＿＿＿＿＿＿＿.

3. One day, ＿＿＿＿＿＿＿＿＿＿
＿＿＿＿＿＿＿＿＿＿＿＿＿＿.

4. While ＿＿＿＿＿＿＿＿＿＿＿
＿＿＿＿＿＿＿＿＿＿＿＿＿＿.

5. Then ＿＿＿＿＿＿＿＿＿＿＿＿
＿＿＿＿＿＿＿＿＿＿＿＿＿＿.

6. The ＿＿＿＿＿ thought, "＿＿＿＿＿
＿＿＿＿＿＿＿＿＿＿＿＿＿＿
＿＿＿＿＿＿＿＿＿＿＿＿＿!"

7. The next day, the ＿＿＿＿＿＿＿
put ＿＿＿＿＿＿＿＿＿ on the
＿＿＿＿＿'s back.

8. This time, ＿＿＿＿＿＿＿＿＿＿
＿＿＿＿＿＿＿＿＿＿＿＿＿＿.

9. The ＿＿＿＿＿ became much lighter.

10. So, the ＿＿＿＿＿＿＿＿＿＿ got
＿＿＿＿＿ at the ＿＿＿＿＿.

Week 2

The Wolf and the Crane

늑대와 두루미

MP3 듣기

Once there lived a greedy wolf in a forest.

One day, the greedy wolf ate his dinner so fast that he even swallowed a bone!

The bone got stuck in his throat.

A crane passing by saw the wolf in pain.

The wolf said, "Please help me. I promise to give you a reward."

"Okay, I will help you," said the crane.

The crane put his head into the wolf's mouth and pulled the bone out!

The crane asked, "What will you give me in return?"

"What? Just be grateful I didn't eat you up," said the wolf.

The crane let out a deep breath and flew away with nothing.

greedy 욕심 많은
even ~도(조차)
swallow 삼키다
bone 뼈
get stuck
(가시, 못 등이) 박히다
throat 목
pass by 곁을 지나가다
in pain 아픈
promise 약속하다
reward 보상
in return 보답으로
grateful 감사하는
eat ~ up 잡아먹다
deep breath
깊은 숨
fly away 날아가다

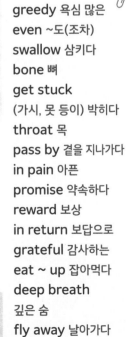

본문의 내용을 읽고 질문에 대한 답을 써 보세요.

01
등장인물

이야기의 등장인물들은 누구인가요?

a _____ and a _____ (늑대와 두루미)

02
장소

이야기의 장소는 어디인가요?

a _____ (숲)

03
사건

무슨 일이 일어났나요?

1. "알았어, 널 도와줄게."라고 두루미가 말했습니다.

"Okay, I will _____ you," said the _____ .

2. 두루미는 머리를 늑대의 입에 넣고 뼈를 뽑았습니다!

The crane _____ his head into the wolf's mouth and pulled the _____ out!

3. 두루미가 물었습니다. "내게 보답으로 무엇을 줄 거니?"

The crane asked, "What will you give me _____ _____?"

4. "뭐라고? 내가 널 잡아먹지 않은 것에 감사하렴."이라고 늑대가 말했습니다.

"What? Just be _____ I didn't _____ you _____," said the wolf.

04
결말

결국 어떻게 되었나요?

두루미는 깊은 숨을 쉬고는 아무것도 없이 날아갔습니다.

The crane let out a _____ _____ and _____ _____ with nothing.

★ 새로운 이야기 쓰기 준비

👦 등장인물과 장소를 바꿔 새로운 이야기의 줄거리를 만들어 보세요.

	원래 이야기	새로운 이야기
* 등장인물 1	a wolf (늑대)	a lion (사자)
* 등장인물 2	a crane (두루미)	a stork (황새)
* 장소	a forest (숲)	a field (들판)

01 등장인물
새로운 이야기의 등장인물을 써 보세요.

a _____ and a _____ (사자와 황새)

02 장소
새로운 이야기의 장소를 써 보세요.

a _____ (들판)

03 사건
새로운 이야기의 사건을 잘 읽고, 빈칸에 알맞은 단어를 써 보세요.

1. "미안해. 널 도와주기에는 너무(too) 무서워(scared)."라고 황새가 말했습니다.

"I'm sorry. I'm too scared to help you," said the _____ .

2. 날이 지남에 따라(as days went by) 사자는 점점 약해졌습니다(grew weaker).

As days went by, the _____ grew weaker.

3. 그래서 황새는 사자의 입에 머리를 집어넣고 뼈를 뽑았습니다.

So, the _____ put his head into the _____ 's mouth and
pulled the _____ out.

4. 황새가 말했습니다, "나는 어떤 보상도 필요(need) 없어."

The _____ said, "I don't need any _____."

04 결말
새로운 이야기의 결말을 잘 읽고, 빈칸에 알맞은 단어를 써 보세요.

황새는 그저 살아서(alive) 행복했습니다.

The _____ was just happy to be alive.

 새로운 이야기 쓰기

 '새로운 이야기 쓰기 준비'에서 작성한 줄거리를 활용하여 이야기를 새로 써 보세요.
(검정 글씨는 그대로 쓰고, 밑줄 그은 표현만 바꿔 써요.)

원래 이야기

1. Once there lived a greedy <u>wolf</u> in a <u>forest</u>.

2. One day, the greedy <u>wolf</u> ate his dinner so fast that he even swallowed a bone!

3. The bone got stuck in his throat.

4. A <u>crane</u> passing by saw the <u>wolf</u> in pain.

5. The <u>wolf</u> said, "Please help me. I promise to give you a reward."

6. <u>"Okay, I will help you," said the crane.</u>

7. <u>The crane put his head into the wolf's mouth and pulled the bone out!</u>

8. <u>The crane asked, "What will you give me in return?"</u>

9. <u>"What? Just be grateful I didn't eat you up," said the wolf.</u>

10. <u>The crane let out a deep breath and flew away with nothing.</u>

새로운 이야기

1. Once _____ .
_____ .

2. One day, _____
_____
_____ !

3. The _____ .

4. A _____
_____ .

5. The lion said, "_____
_____ ."

6. "I'm sorry. I'm too _____ to _____ you," said the _____ .

7. As days _____ by, the _____ grew _____ .

8. So, the _____ put his head into the _____'s mouth and _____ the bone _____ .

9. The _____ said, "I don't need any _____ ."

10. The _____ was just happy to be _____ .

Unit 07

The Donkey in the Lion's Skin

사자 가죽을 쓴 당나귀

In a forest, a donkey found the skin of a lion a hunter had left.

The donkey thought, 'If I put this skin on, everyone will be scared of me!'

The donkey put the lion's skin on.

Just then, a rabbit saw the donkey in the lion's skin.

The rabbit shouted, "Oh my! It's a lion!"

The donkey became more confident.

So, he started to walk around the forest like a real lion.

All of the animals who saw him ran away.

That night, a strong wind blew off the lion's skin.

All of the animals were shocked that it was just the donkey under the lion's skin.

skin 가죽
put on 입다
be scared of
~을 무서워하다
shout 소리치다
become ~이 되다
confident 자신감 있는
like ~처럼
real 진짜의
run away 도망가다
blow off (바람에 의해)
날려 보내다
shocked 충격에 빠진
just 단지

내용 이해하기

정답 P.5

본문의 내용을 읽고 질문에 대한 답을 써 보세요.

01
등장인물

이야기의 등장인물들은 누구인가요?

a _____ , a _____ and _____ (당나귀, 토끼, 동물들)

02
장소

이야기의 장소는 어디인가요?

a _____ (숲)

03
사건

무슨 일이 일어났나요?

1. 당나귀는 사자의 가죽을 입었습니다.

The _____ put the lion's _____ on.

2. 바로 그때, 토끼 한 마리가 사자의 가죽을 쓴 당나귀를 보았습니다.

Just then, a rabbit _____ the donkey in the _____ 's skin.

3. 그를 본 모든 동물들은 도망쳤습니다.

All of the animals who saw him _____ away.

4. 그날 밤, 강한 바람이 사자 가죽을 날려 보냈습니다.

That night, a strong wind _____ _____ the lion's skin.

04
결말

결국 어떻게 되었나요?

모든 동물들은 그것이 단지 사자 가죽 아래에 있는 당나귀였다는 것에 충격을 받았습니다.

All of the animals were _____ that it was just the donkey _____ the lion's skin.

★ 새로운 이야기 쓰기 준비

👦 등장인물과 장소를 바꿔 새로운 이야기의 줄거리를 만들어 보세요.

	원래 이야기		새로운 이야기
* 등장인물 1	a donkey (당나귀)		a fox (여우)
* 등장인물 2	a rabbit (토끼)		a squirrel (다람쥐)
* 장소	a forest (숲)		a field (들판)

01
등장인물

새로운 이야기의 등장인물을 써 보세요.

a _____ and a _____ (여우와 다람쥐)

02
장소

새로운 이야기의 장소를 써 보세요.

a _____ (들판)

03
사건

새로운 이야기의 사건을 잘 읽고, 빈칸에 알맞은 단어를 써 보세요.

1. 여우는 사자의 가죽을 입었습니다.

The _____ put the _____'s skin on.

2. 바로 그때, 다람쥐 한 마리가 사자의 가죽을 쓴 여우를 보았습니다.

Just then, a _____ saw the _____ in the lion's skin.

3. 그런데 다람쥐는 그것이 사자 가죽을 쓴 여우라는 것을 깨달았습니다(realized).

But the squirrel realized it was the _____ in the lion's skin.

4. 그래서 그(다람쥐)는 여우에게서 사자 가죽을 벗겼습니다(took off).

So, he took off the lion's skin from the _____.

04
결말

새로운 이야기의 결말을 잘 읽고, 빈칸에 알맞은 단어를 써 보세요.

그러자 여우는 도망쳤습니다.

Then the _____ ran away.

정답
P.5

★ 새로운 이야기 쓰기

👲 '새로운 이야기 쓰기 준비'에서 작성한 줄거리를 활용하여 이야기를 새로 써 보세요.
(검정 글씨는 그대로 쓰고, 밑줄 그은 표현만 바꿔 써요.)

원래 이야기

1. In a <u>forest</u>, a <u>donkey</u> found the skin of a lion a hunter had left.

2. The <u>donkey</u> thought, 'If I put this skin on, everyone will be scared of me!'

3. The <u>donkey</u> put the lion's skin on.

4. Just then, a <u>rabbit</u> saw the <u>donkey</u> in the lion's skin.

5. The <u>rabbit</u> shouted, "Oh my! It's a lion!"

6. The <u>donkey</u> became more confident.

7. So, he started to walk around the <u>forest</u> like a real lion.

8. <u>All of the animals who saw him ran away.</u>

9. <u>That night, a strong wind blew off the lion's skin.</u>

10. <u>All of the animals were shocked that it was just the donkey under the lion's skin.</u>

새로운 이야기

1. In a _____
_____.

2. The _____ thought, ' _____
_____
_____!'

3. The _____
_____.

4. Just then, _____
_____.

5. The _____ shouted, " _____
_____!"

6. The _____
_____.

7. So, _____
_____.

8. But the squirrel _____ it was the _____ in the lion's skin.

9. So, he took off the _____ skin from the _____.

10. Then the _____ ran away.

The Horse and the Donkey

말과 당나귀

Once there lived a man who had a donkey and a horse.

Every day the donkey and the horse would carry loads from the market.

One day, the man put all the loads on the donkey and none on the horse.

The donkey asked, "My friend, can you help me?"

The horse replied, "Why should I carry your loads?"

The donkey said nothing and continued to walk.

The donkey asked again, "Can you help me, please?"

The horse replied, "No! It looks too heavy!"

The donkey was so tired that he collapsed.

The worried man moved all the loads to the horse, and he had to carry them all the way home.

load 짐
market 시장
none
아무것도(~않다)
reply 대답하다
should ~해야 한다
carry 운반하다
nothing 아무것도
continue 계속하다
heavy 무거운
tired 피곤한
collapse 쓰러지다
move 옮기다
have to ~해야 한다
all the way 내내

 내용 이해하기

👦 본문의 내용을 읽고 질문에 대한 답을 써 보세요.

01
등장인물

이야기의 등장인물들은 누구인가요?

a _____ , a _____ and a _____ (남자, 당나귀, 말)

02
장소

이야기의 장소는 어디인가요?

the _____ (시장)

03
사건

무슨 일이 일어났나요?

1. 말이 대답했습니다. "내가 왜 너의 짐들을 지고 가야 하지?"

The horse replied, "Why _____ I carry your loads?"

2. 당나귀는 다시 물었습니다. "제발 나를 도와줄 수 있니?"

The donkey _____ again, "Can you help me, please?"

3. 말은 대답했습니다. "안 돼! 그건 너무 무거워 보여!"

The horse _____ , "No! It _____ too heavy!"

4. 당나귀는 너무 피곤해서 쓰러졌습니다.

The donkey was so _____ that he _____.

04
결말

결국 어떻게 되었나요?

걱정한 남자는 모든 짐들을 말에게 옮겼고, 그는(말은) 그것들을 집까지 내내(all the way) 운반해야만 했습니다.

The worried man _____ all the loads to the horse, and he had to carry them _____ the _____ home.

⭐ 새로운 이야기 쓰기 준비 ✏️

👦 등장인물과 장소를 바꿔 새로운 이야기의 줄거리를 만들어 보세요.

원래 이야기		새로운 이야기
＊ 등장인물 1	a man (남자)	a man (남자)
＊ 등장인물 2	a donkey (당나귀)	a goat (염소)
＊ 등장인물 3	a horse (말)	an ox (황소)
＊ 장소	the market (시장)	the village (마을)

01
등장인물

새로운 이야기의 등장인물을 써 보세요.

a _____ , a _____ and an _____ (남자, 염소, 황소)

02
장소

새로운 이야기의 장소를 써 보세요.

the _____ (마을)

03
사건

새로운 이야기의 사건을 잘 읽고, 빈칸에 알맞은 단어를 써 보세요.

1. 황소가 대답했습니다. "내가 왜 너의 짐들을 지고 가야 하지?"

The _____ replied, "Why should I carry your _____?"

2. 염소는 다시 물었습니다. "제발 나를 도와줄 수 있니?"

The _____ asked again, "Can you help me, please?"

3. 황소가 대답했습니다, "알겠어, 너 정말(really) 지쳐 보이는구나(look exhausted)."

The _____ replied, "Okay, you look really exhausted."

4. 그래서 그들은 무거운 짐들을 함께(together) 운반했습니다.

So, they carried the heavy _____ together.

04
결말

새로운 이야기의 결말을 잘 읽고, 빈칸에 알맞은 단어를 써 보세요.

그 결과(as a result), 그들 둘 다(both) 너무(too) 지치지(get exhausted) 않았습니다.

As a result, they both didn't get too _____ .

새로운 이야기 쓰기

 '새로운 이야기 쓰기 준비'에서 작성한 줄거리를 활용하여 이야기를 새로 써 보세요.
(검정 글씨는 그대로 쓰고, 밑줄 그은 표현만 바꿔 써요.)

원래 이야기

1. Once there lived a man who had a <u>donkey</u> and a <u>horse</u>.

2. Every day the <u>donkey</u> and the <u>horse</u> would carry loads from the <u>market</u>.

3. One day, the man put all the loads on the <u>donkey</u> and none on the <u>horse</u>.

4. The <u>donkey</u> asked, "My friend, can you help me?"

5. The <u>horse</u> replied, "Why should I carry your loads?"

6. The <u>donkey</u> said nothing and continued to walk.

7. The <u>donkey</u> asked again, "Can you help me, please?"

8. <u>The horse replied, "No! It looks too heavy!"</u>

9. <u>The donkey was so tired that he collapsed.</u>

10. <u>The worried man moved all the loads to the horse, and he had to carry them all the way home.</u>

새로운 이야기

1. Once _____.

2. Every day _____.

3. One day, _____.

4. The _____ asked, "_____ _____?"

5. The _____ replied, "_____ _____?"

6. The _____.

7. The _____.

8. The _____ replied, "Okay, you look really _____."

9. So, they carried the _____ loads _____.

10. As a result, they _____ didn't get too _____.

The Crow and the Pitcher

까마귀와 물주전자

Once there was a crow who lived in a forest.

On a hot summer day, the crow said, "I'm so thirsty!"

He found a pitcher with a little bit of water inside.

The pitcher was tall and very narrow.

So, the crow couldn't reach the water.

But the crow had a great idea!

He started to pick up small pebbles.

Then, one by one, he carefully dropped them into the pitcher.

The water started to rise and almost reached the top.

The crow was now able to drink the water.

thirsty 목이 마른
pitcher 물주전자
a little bit of
약간의, 조금의
inside 안에
narrow 좁은
reach 닿다
idea 생각
pick up 줍다
pebble 조약돌
one by one 하나씩
drop 떨어뜨리다
rise 올라가다
almost 거의
top 꼭대기
now 이제
be able to
~을 할 수 있다

★ 내용 이해하기

👦 본문의 내용을 읽고 질문에 대한 답을 써 보세요.

01
등장인물

이야기의 등장인물들은 누구인가요?

a _____ (까마귀)

02
장소

이야기의 장소는 어디인가요?

a _____ (숲)

03
사건

무슨 일이 일어났나요?

1. 그 물주전자는 높고 매우 좁았습니다.

The pitcher was _____ and very _____ .

2. 그는 작은 조약돌들을 줍기 시작했습니다.

He started to _____ _____ small _____ .

3. 그러더니 하나씩, 그는 조심스럽게 그것들을 물주전자에 떨어뜨렸습니다.

Then, one by one, he carefully _____ them into the

_____ .

4. 물이 올라가기 시작하더니 거의 꼭대기에 닿았습니다.

The water started to _____ and almost reached the

_____ .

04
결말

결국 어떻게 되었나요?

까마귀는 이제 물을 마실 수 있게 되었습니다.

The _____ was now able to _____ the water.

등장인물과 장소를 바꿔 새로운 이야기의 줄거리를 만들어 보세요.

	원래 이야기	새로운 이야기
* 등장인물	a crow (까마귀)	a lizard (도마뱀)
* 장소	a forest (숲)	a desert (사막)

01
등장인물

새로운 이야기의 등장인물을 써 보세요.

a _____ (도마뱀)

02
장소

새로운 이야기의 장소를 써 보세요.

a _____ (사막)

03
사건

새로운 이야기의 사건을 잘 읽고, 빈칸에 알맞은 단어를 써 보세요.

1. 물주전자는 높고 매우 좁았습니다.

The _____ was tall and very _____ .

2. 그는(도마뱀은) 작은 조약돌들을 줍기 시작했습니다.

He started to _____ _____ small _____ .

3. 그러더니 그는 물주전자에 모든(all) 돌들을 동시에(at once) 와르르 쏟았습니다(dumped).

Then he dumped them into the _____ all at once.

4. 물주전자가 쓰러졌고(was knocked over) 물이 땅(ground)에 쏟아졌습니다(spilled).

The _____ was knocked over and the _____ spilled onto the ground.

04
결말

새로운 이야기의 결말을 잘 읽고, 빈칸에 알맞은 단어를 써 보세요.

그래서 도마뱀은 물을 하나도 마실 수 없었습니다.

So, the _____ couldn't drink any water.

새로운 이야기 쓰기

 '새로운 이야기 쓰기 준비'에서 작성한 줄거리를 활용하여 이야기를 새로 써 보세요.
(검정 글씨는 그대로 쓰고, 밑줄 그은 표현만 바꿔 써요.)

원래 이야기

1. Once there was a <u>crow</u> who lived in a <u>forest</u>.

2. On a hot summer day, the <u>crow</u> said, "I'm so thirsty!"

3. He found a pitcher with a little bit of water inside.

4. The pitcher was tall and very narrow.

5. So, the <u>crow</u> couldn't reach the water.

6. But the <u>crow</u> had a great idea!

7. He started to pick up small pebbles.

8. <u>Then, one by one, he carefully dropped them into the pitcher.</u>

9. <u>The water started to rise and almost reached the top.</u>

10. <u>The crow was now able to drink the water.</u>

새로운 이야기

1. Once _____
   _____.

2. On a hot summer day, the _____ said "_____!"

3. He _____
   _____
   _____.

4. The _____
   _____.

5. So, _____
   _____.

6. But _____!

7. He started to _____ small _____.

8. Then he _____ them into the _____ all at once.

9. The _____ was knocked over and the _____ spilled onto the _____.

10. So, the _____ couldn't drink any _____.

Unit 10

The Dog and the Shadow

개와 그림자

MP3 듣기

One day, a dog was crossing a stream.

He had a big bone in his mouth.

While crossing the stream, the dog looked down at the water.

He saw another dog with a bigger bone!

He wanted the bigger one, so he opened his mouth to bark.

Then his bone fell into the water.

The dog shouted, "Oh no! That dog was just my reflection!"

The dog tried hard to get his bone back.

But the bone had drifted away down the stream.

The greedy dog went home feeling very sad.

cross 건너다
stream 개울
bone 뼈
mouth 입
another 또 다른
bigger
더 큰(big의 비교급)
open 열다
bark 짖다
fall 떨어지다
reflection
 (거울 등에 비친) 모습
hard 열심히
drift away
떠내려가 버리다
greedy 탐욕스러운

 내용 이해하기

 본문의 내용을 읽고 질문에 대한 답을 써 보세요.

01
등장인물

이야기의 등장인물들은 누구인가요?

a _____ with a _____ (뼈를 가진 개)

02
장소

이야기의 장소는 어디인가요?

a _____ (개울)

03
사건

무슨 일이 일어났나요?

1. 그는 더 큰 것(뼈)을 원했고, 그래서 그는 짖기 위해 입을 열었습니다.

He _____ the bigger one, so he opened his _____
to bark.

2. 그러자 그의 뼈가 물에 빠졌습니다.

Then his bone _____ into the water.

3. 그 개는 뼈를 되찾기 위해 열심히 노력했습니다.

The dog tried hard to _____ his bone back.

4. 하지만 그 뼈는 이미 개울을 따라 떠내려가 버렸습니다.

But the bone had _____ _____ down the stream.

04
결말

결국 어떻게 되었나요?

그 탐욕스러운 개는 매우 슬퍼하며 집으로 갔습니다.

The _____ dog went home feeling very _____.

👦 등장인물과 장소를 바꿔 새로운 이야기의 줄거리를 만들어 보세요.

```
                        [ 원래 이야기 ]              [ 새로운 이야기 ]
* 등장인물               a dog (개)        ➡       a cat (고양이)
* 입에 문 것       ➡    a bone (뼈)              a fish (물고기)
* 장소                  a stream (개울)           a river (강)
```

01
등장인물

새로운 이야기의 등장인물을 써 보세요.

a _____ with a _____ (물고기를 가진 고양이)

02
장소

새로운 이야기의 장소를 써 보세요.

a _____ (강)

03
사건

새로운 이야기의 사건을 잘 읽고, 빈칸에 알맞은 단어를 써 보세요.

1. 그(고양이)는 더 큰 것(물고기)을 원했고, 그래서 그는 물을 휘저었습니다(stirred).

He wanted the _____ one, so he stirred the water.

2. 그러자 더 큰 물고기를 가진 고양이는 사라졌습니다(disappeared).

Then the _____ with the _____ fish disappeared.

3. 그는 그 고양이가 그저 자기 그림자(shadow)라는 것을 깨달았습니다(realize).

He realized that the _____ was just his shadow.

4. 그래서 그는 물을 젓는(swirling) 것을 멈췄습니다(stopped).

So, he stopped swirling the _____ .

04
결말

새로운 이야기의 결말을 잘 읽고, 빈칸에 알맞은 단어를 써 보세요.

고양이는 물고기를 입에 물고 집에 갔습니다.

The _____ went home with the _____ in his mouth.

 **새로운 이야기 쓰기**

 **새로운 이야기 쓰기**

'새로운 이야기 쓰기 준비'에서 작성한 줄거리를 활용하여 이야기를 새로 써 보세요.
(검정 글씨는 그대로 쓰고, 밑줄 그은 표현만 바꿔 써요.)

원래 이야기

1. One day, a <u>dog</u> was crossing a <u>stream</u>.

2. He had a big <u>bone</u> in his mouth.

3. While crossing the <u>stream</u>, the <u>dog</u> looked down at the water.

4. He saw another <u>dog</u> with a bigger <u>bone</u>!

5. He wanted the bigger one, so he <u>opened his mouth to bark</u>.

6. <u>Then his bone fell into the water.</u>

7. The <u>dog</u> shouted, "Oh no! That <u>dog</u> was just my reflection!"

8. <u>The dog tried hard to get the bone back.</u>

9. <u>But the bone had drifted away down the stream.</u>

10. <u>The greedy dog went home feeling very sad.</u>

새로운 이야기

1. One day, _____.

2. He _____.

3. While crossing the _____, _____.

4. He _____!

5. He _____, so he _____ the water.

6. Then the _____ with the bigger fish _____.

7. The _____.

8. He realized that the _____ was just his _____.

9. So, he stopped swirling the _____.

10. The _____ went _____ with the _____ in his _____.

Week 3

The Bear and the Two Friends

곰과 두 친구

One autumn day, two friends were hiking in the mountains.

Suddenly, a bear appeared.

One of the friends quickly climbed a tree nearby.

It was too late for the other friend to run away.

So, he lay down on the ground and held his breath.

The bear came over and whispered in his ear.

"Don't trust a friend who runs away alone."

Then the bear walked back to his cave.

Later on, the man told his friend what the bear had said.

His friend felt ashamed and apologized.

hike 하이킹하다
appear 나타나다
quickly 재빠르게
climb 올라가다
nearby 가까운 곳의
late 늦은
lie down 눕다
hold one's breath
숨을 참다
come over 다가가다
whisper 속삭이다
trust 믿다
cave 동굴
ashamed 부끄러운
apologize 사과하다

★ 내용 이해하기

본문의 내용을 읽고 질문에 대한 답을 써 보세요.

01
등장인물

이야기의 등장인물들은 누구인가요?

two _____ and a _____ (두 친구와 곰)

02
장소

이야기의 장소는 어디인가요?

the _____ (산)

03
사건

무슨 일이 일어났나요?

1. 그래서 그는 땅에 누웠고 참았습니다.

So, he lay down on the _____ and held his _____ .

2. 곰이 다가와 그의 귀에 속삭였습니다.

The bear _____ _____ and _____ in his ear.

3. "혼자 도망치는 친구를 믿지 말게나."

"Don't _____ a friend who _____ _____ alone."

4. 그러더니 곰은 그의 동굴로 돌아갔습니다.

Then the _____ walked back to his _____ .

04
결말

결국 어떻게 되었나요?

그의 친구는 부끄러워서 사과했습니다.

His friend felt _____ and _____ .

★ 새로운 이야기 쓰기 준비

👦 등장인물과 장소를 바꿔 새로운 이야기의 줄거리를 만들어 보세요.

	원래 이야기		**새로운 이야기**
＊등장인물 1	two friends (두 친구)	➡	two monkeys (원숭이 두 마리)
＊등장인물 2	a bear (곰)		a lion (사자)
＊장소	the mountains (산)		a jungle (정글)

01
등장인물

새로운 이야기의 등장인물을 써 보세요.

_____ _____ and a _____ (원숭이 두 마리와 사자)

02
장소

새로운 이야기의 장소를 써 보세요.

a _____ (정글)

03
사건

새로운 이야기의 사건을 잘 읽고, 빈칸에 알맞은 단어를 써 보세요.

1. 그래서 그(원숭이)는 땅에 누웠고 숨을 참았습니다.

So, he lay down on the _____ and _____ his breath.

2. 사자가 다가와 그의 귀에 속삭였습니다.

The _____ came _____ and whispered in his _____.

3. "원숭이야, 무서워하지 마(don't be afraid). 나는 그저 너와 친구가 되고 싶어."

"Don't be afraid, _____. I just want to be your friend."

4. 그러더니 사자는 그 원숭이를 저녁식사(dinner)에 초대했습니다(invited).

Then the _____ invited the _____ to dinner.

04
결말

새로운 이야기의 결말을 잘 읽고, 빈칸에 알맞은 단어를 써 보세요.

그의 친구는 그 원숭이가 매우(very) 부러웠습니다(was jealous of).

His friend was very jealous of the _____.

 '새로운 이야기 쓰기 준비'에서 작성한 줄거리를 활용하여 이야기를 새로 써 보세요.
(검정 글씨는 그대로 쓰고, 밑줄 그은 표현만 바꿔 써요.)

원래 이야기

1. One autumn day, two <u>friends</u> were hiking in <u>the mountains</u>.

2. Suddenly, a <u>bear</u> appeared.

3. One of the <u>friends</u> quickly climbed a tree nearby.

4. It was too late for the other friend to run away.

5. So, he lay down on the ground and held his breath.

6. The <u>bear</u> came over and whispered in his ear.

7. <u>"Don't trust a friend who runs away alone."</u>

8. <u>Then the bear walked back to his cave.</u>

9. Later on, the <u>man</u> told his friend what the <u>bear</u> had said.

10. <u>His friend felt ashamed and apologized.</u>

새로운 이야기

1. One autumn day, _____ _____.

2. Suddenly, _____.

3. One of _____ _____.

4. It was too late for _____ _____.

5. So, _____ _____.

6. The _____ _____ _____.

7. "Don't be _____, _____. I just want to be your _____."

8. Then the _____ invited the _____ to _____.

9. Later on, _____ _____ _____.

10. His friend was very _____ of the _____.

Unit 12

The Hare and the Tortoise

토끼와 거북이

Once there was a hare who always made fun of the tortoise.

"You are always so slow!" said the hare.

The tortoise replied, "Let's have a race. I bet I will win."

The hare agreed, so they began to race.

Halfway up the mountain, the hare saw the tortoise was far behind.

So, he decided to stop and take a nap.

The tortoise kept going slowly but steadily.

Soon, the tortoise passed the sleeping hare.

When the hare woke up, it was too late.

At the end, the tortoise won the race.

hare 토끼
make fun of 놀리다
always 항상
slow 느린
race 경주
bet 틀림없다, 확신하다
agree 동의하다
halfway up
~의 중턱에
far behind
한참 뒤쳐진
decide 결정하다
take a nap 낮잠 자다
steadily 꾸준히
pass 지나가다

내용 이해하기

본문의 내용을 읽고 질문에 대한 답을 써 보세요.

01
등장인물

이야기의 등장인물들은 누구인가요?

a _____ and a _____ (토끼와 거북이)

02
장소

이야기의 장소는 어디인가요?

the _____ (산)

03
사건

무슨 일이 일어났나요?

1. 그래서 그(토끼)는 멈추고 낮잠을 자기로 결정했습니다.

So, he decided to _____ and take a _____ .

2. 거북이는 느리지만 꾸준히 계속 갔습니다.

The tortoise kept going _____ but _____ .

3. 곧 거북이는 잠자는 토끼를 지나쳤습니다.

Soon, the tortoise _____ the sleeping hare.

4. 토끼가 깨어났을 때에는 너무 늦었습니다.

When the hare _____ up, it was _____ _____ .

04
결말

결국 어떻게 되었나요?

결국, 거북이는 경주에서 이겼습니다.

At the end, the tortoise _____ the _____ .

★ 새로운 이야기 쓰기 준비

👦 등장인물과 장소를 바꿔 새로운 이야기의 줄거리를 만들어 보세요.

	원래 이야기	새로운 이야기
✶ 등장인물 1	a hare (토끼)	a frog (개구리)
✶ 등장인물 2	a tortoise (거북이)	a snail (달팽이)
✶ 장소	the mountain (산)	the mountain (산)

01
등장인물

새로운 이야기의 등장인물을 써 보세요.

a _____ and a _____ (개구리와 달팽이)

02
장소

새로운 이야기의 장소를 써 보세요.

the _____ (산)

03
사건

새로운 이야기의 사건을 잘 읽고, 빈칸에 알맞은 단어를 써 보세요.

1. 그래서 그는(개구리는) 멈추고 낮잠을 자기로 결정했습니다.

So, he _____ to stop and take a _____ .

2. 달팽이는 느리지만 꾸준히 계속 갔습니다.

The _____ kept _____ slowly but _____ .

3. 불행하게도(unfortunately) 그는 개구리 바로 뒤에서(right before) 넘어졌습니다.

Unfortunately, he fell down right before the _____ .

4. 개구리는 돌아가서(went back) 달팽이를 일으켜 주었습니다(helped up).

The _____ went back and helped the _____ up.

04
결말

새로운 이야기의 결말을 잘 읽고, 빈칸에 알맞은 단어를 써 보세요.

결국, 그들은 함께(together) 결승선(finish line)을 통과하였습니다(crossed).

At the end, they crossed the _____ line together.

 새로운 이야기 쓰기

정답 P.7

'새로운 이야기 쓰기 준비'에서 작성한 줄거리를 활용하여 이야기를 새로 써 보세요.
(검정 글씨는 그대로 쓰고, 밑줄 그은 표현만 바꿔 써요.)

원래 이야기

1. Once there was a <u>hare</u> who always made fun of the <u>tortoise</u>.

2. "You are always so slow!" said the <u>hare</u>.

3. The <u>tortoise</u> replied, "Let's have a race. I bet I will win."

4. The <u>hare</u> agreed, so they began to race.

5. Halfway up the mountain, the <u>hare</u> saw the <u>tortoise</u> was far behind.

6. So, he decided to stop and take a nap.

7. The <u>tortoise</u> kept going slowly but steadily.

8. <u>Soon, the tortoise passed the sleeping hare.</u>

9. <u>When the hare woke up, it was too late.</u>

10. At the end, <u>the tortoise won the race.</u>

새로운 이야기

1. Once _____
   _____.

2. "You _____!"
   said the_____.

3. The _____
   _____

4. The _____
   _____.

5. Halfway _____
   the _____ saw the _____
   was far behind.

6. So, _____
   _____.

7. The _____
   _____.

8. Unfortunately, he _____ down right before the _____.

9. The _____ went back and _____ the _____ up.

10. At the end, they _____ the _____ line _____.

Unit 13 The Fox and the Grapes

여우와 포도

MP3 듣기

Long ago, a fox was walking through an orchard.

The fox was very thirsty and hungry.

While searching for food, he found a bunch of grapes on a vine!

The grapes looked so juicy, but the vine was too high.

The fox jumped hard.

But he couldn't reach the grapes.

The fox continued to try but he failed every time.

He started to feel exhausted and even angry.

The fox said, "Those grapes look sour anyway."

Eventually, the hungry fox gave up and walked away.

orchard 과수원
search for ~를 찾다
bunch 송이, 다발
vine 포도나무
juicy 과즙이 많은
reach 닿다
fail 실패하다
exhausted 지친
angry 화가 난
sour 신, 시큼한
anyway 어차피, 어쨌든
give up 포기하다
walk away
떠나 버리다

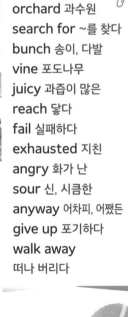

★ 내용 이해하기

👤 본문의 내용을 읽고 질문에 대한 답을 써 보세요.

01 이야기의 등장인물들은 누구인가요?
등장인물
a _____ (여우)

02 이야기의 장소는 어디인가요?
장소
an _____ (과수원)

03 무슨 일이 일어났나요?
사건
1. 포도는 과즙이 많아 보였지만 나무가 너무 높았습니다.

The grapes looked so _____, but the vine was too _____.

2. 여우는 계속 노력했지만 매번 실패했습니다.

The fox continued to _____ but he _____ every time.

3. 그는 지치기 시작했고 심지어 화가 나기 시작했습니다.

He started to feel _____ and even _____.

4. 여우는 말했습니다. "저 포도들은 어차피 시큼해 보여."

The fox _____, "Those grapes look _____ anyway."

04 결국 어떻게 되었나요?
결말
결국, 배고픈 여우는 포기하고 떠나 버렸습니다.

Eventually, the hungry fox _____ _____ and walked away.

★ 새로운 이야기 쓰기 **준비**

👦 등장인물과 장소를 바꿔 새로운 이야기의 줄거리를 만들어 보세요.

원래 이야기
a fox (여우)
an orchard (과수원)

새로운 이야기
a deer (사슴)
a field (들판)

* 등장인물
* 장소

01
등장인물

새로운 이야기의 등장인물을 써 보세요.

a _____ (사슴)

02
장소

새로운 이야기의 장소를 써 보세요.

a _____ (들판)

03
사건

새로운 이야기의 사건을 잘 읽고, 빈칸에 알맞은 단어를 써 보세요.

1. 포도는 과즙이 많아 보였지만 나무가 너무 높았습니다.

The grapes _____ so juicy, but the _____ was too high.

2. 사슴은 계속 노력했지만 매번 실패했습니다.

The _____ continued to _____ but he failed _____ time.

3. 그래서 사슴은 나뭇가지들(branches)로 그 긴 막대기(long stick)를 만들었습니다.

So, the _____ made a long stick with some branches.

4. 그는 긴 막대기(long stick)로 포도를 땄습니다(picked).

He picked the _____ with the long stick.

04
결말

새로운 이야기의 결말을 잘 읽고, 빈칸에 알맞은 단어를 써 보세요.

마침내, 사슴은 신이 나서(excitedly) 포도를 먹었습니다.

Finally, the _____ excitedly ate the grapes.

 새로운 이야기 쓰기

 '새로운 이야기 쓰기 준비'에서 작성한 줄거리를 활용하여 이야기를 새로 써 보세요.
(검정 글씨는 그대로 쓰고, 밑줄 그은 표현만 바꿔 써요.)

원래 이야기	새로운 이야기

원래 이야기

1. Long ago, a <u>fox</u> was walking through <u>an orchard</u>.

2. The <u>fox</u> was very thirsty and hungry.

3. While searching for food, he found a bunch of grapes on a vine!

4. The grapes looked so juicy, but the vine was too high.

5. The <u>fox</u> jumped hard.

6. But he couldn't reach the grapes.

7. The <u>fox</u> continued to try but he failed every time.

8. <u>He started to feel exhausted and even angry.</u>

9. <u>The fox said, "Those grapes look sour anyway."</u>

10. <u>Eventually, the hungry fox gave up and walked away.</u>

새로운 이야기

1. Long ago, a _____ was walking _____.

2. The _____ _____.

3. While _____ _____ _____!

4. The _____ _____.

5. The _____

6. But _____ _____.

7. The _____ _____.

8. So, the _____ made a long _____ with some _____.

9. He _____ the grapes with the _____ stick.

10. Finally, the _____ excitedly _____ _____.

Unit 14

The Shepherd Boy and the Wolf

양치기 소년과 늑대

There was a shepherd boy who lived in a small village.

His job was to watch the lambs.

One day, he was so bored that he shouted "Look, there is a wolf!"

All of the villagers came running and asked, "Where is the wolf?"

The boy said, "There's no wolf! Sorry!"

The villagers returned to their homes upset.

The next day, the boy saw a real wolf near the lambs.

The shepherd boy screamed, "There's a wolf! Help!"

Even though he cried out many times, no one came to help.

At the end, the wolf took one of the boy's lambs away.

shepherd boy
양치기 소년
village 마을
lamb 아기 양
bored 지루한
shout 소리치다
villager 마을 사람
return 돌아가다
upset 화난
near 근처에
scream 소리치다
even though
~에도 불구하고
many times 여러 번
take away 가져가다

🎩 본문의 내용을 읽고 질문에 대한 답을 써 보세요.

01 이야기의 등장인물들은 누구인가요?
등장인물

a _____ boy, _____, a _____, and _____

(양치기 소년, 마을 사람들, 늑대, 아기 양들)

02 이야기의 장소는 어디인가요?
장소

a _____ (마을)

03 무슨 일이 일어났나요?
사건

1. 소년은 말했습니다. "늑대는 없어요. 죄송해요!"

The boy said, "There's no _____! Sorry!"

2. 마을 사람들은 화가 나서 집으로 돌아갔습니다.

The _____ returned to their homes _____.

3. 다음 날, 소년은 아기 양들 근처에 있는 진짜 늑대를 보았습니다.

The next day, the boy saw a _____ wolf _____ the lambs.

4. 그가 여러 번 소리쳤음에도 불구하고 아무도 도와주러 오지 않았습니다.

Even though he cried out _____ _____, no one came to _____.

04 결국 어떻게 되었나요?
결말

결국, 늑대는 소년의 아기 양들 중 한 마리를 잡아갔습니다.

At the end, the _____ took one of the boy's _____ away.

★ 새로운 이야기 쓰기 준비

👦 등장인물과 장소를 바꿔 새로운 이야기의 줄거리를 만들어 보세요.

	원래 이야기	새로운 이야기
* 등장인물 1	a shepherd boy (양치기 소년)	a rooster (수탉)
* 등장인물 2	the villagers (마을 사람들)	the other roosters (다른 수탉들)
* 등장인물 3 ➡	a wolf (늑대) ➡	a fox (여우)
* 등장인물 4	lambs (아기 양들)	chicks (병아리들)
* 장소	a village (마을)	a farm (농장)

01
등장인물

새로운 이야기의 등장인물을 써 보세요.

a _____, the other _____, a _____, and _____

(수탉, 다른 수탉들, 여우, 병아리들)

02
장소

새로운 이야기의 장소를 써 보세요.

a _____ (농장)

03
사건

새로운 이야기의 사건을 잘 읽고, 빈칸에 알맞은 단어를 써 보세요.

1. 수탉은 말했습니다. "여우는 없어요! 죄송해요!"

The _____ said, "There's no _____! Sorry!"

2. 다른 수탉들은 화가 났지만 방심하지(let the guards down) 않았습니다.

The other _____ were _____ but they didn't let the guards down.

3. 다음 날, 수탉은 병아리들 근처에 있는 진짜 여우를 보았습니다.

The next day, the _____ saw a real fox near the _____.

4. 다른 수탉들이 여우를 봤고, 그를 공격했습니다(attacked).

The other _____ saw the _____ and attacked him.

04
결말

새로운 이야기의 결말을 잘 읽고, 빈칸에 알맞은 단어를 써 보세요.

결국, 여우는 도망갔습니다.

At the end, the _____ ran away.

'새로운 이야기 쓰기 준비'에서 작성한 줄거리를 활용하여 이야기를 새로 써 보세요.
(검정 글씨는 그대로 쓰고, 밑줄 그은 표현만 바꿔 써요.)

원래 이야기

1. There was a <u>shepherd boy</u> who lived <u>in</u> a small <u>village</u>.

2. His job was to watch the <u>lambs</u>.

3. One day, he was so bored that he shouted "Look, there is a <u>wolf</u>!"

4. All of <u>the villagers</u> came running and asked, "Where is the <u>wolf</u>?"

5. The <u>boy</u> said, "There's no <u>wolf</u>! Sorry!"

6. <u>The villagers returned to their homes upset.</u>

7. The next day, the <u>boy</u> saw a real <u>wolf</u> near the <u>lambs</u>.

8. The <u>shepherd boy</u> screamed, "There's a <u>wolf</u>! Help!"

9. <u>Even though he cried out many times, no one came to help.</u>

10. At the end, <u>the wolf took one of the boy's lambs away.</u>

새로운 이야기

1. There _____ _____ on a small _____ .

2. His job _____ _____ .

3. One day, _____ _____ _____ .

4. All of _____ _____ _____ .

5. The _____ _____ .

6. The other _____ were upset but they didn't let their _____ down.

7. The next day, _____ _____ .

8. The _____ _____ .

9. The other _____ saw the fox and _____ him.

10. At the end, the fox _____ .

The Goose and the Golden Eggs

거위와 황금알

In a small town, there lived a man with a special goose.

Every day, the goose laid one beautiful golden egg.

The man sold the eggs and made a lot of money.

However, he wanted to be the richest man in the world.

One day he thought, 'Why does the goose only lay one egg a day?'

He thought there were many eggs inside the goose.

So, he killed the goose and cut it open.

But there were no golden eggs!

"Oh no! There are no eggs!" cried the man.

He lost both his goose and the eggs.

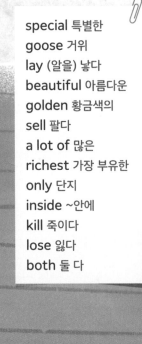

special 특별한
goose 거위
lay (알을) 낳다
beautiful 아름다운
golden 황금색의
sell 팔다
a lot of 많은
richest 가장 부유한
only 단지
inside ~안에
kill 죽이다
lose 잃다
both 둘 다

본문의 내용을 읽고 질문에 대한 답을 써 보세요.

01
등장인물

이야기의 등장인물들은 누구인가요?

a _____ and a _____ (남자와 거위)

02
장소

이야기의 장소는 어디인가요?

a small _____ (작은 마을)

03
사건

무슨 일이 일어났나요?

1. 거위는 매일 아름다운 황금알을 하나씩 낳았습니다.

Every day, the _____ laid one beautiful _____ egg.

2. 그는 거위 안에 많은 알들이 들어 있을 거라고 생각했습니다.

He thought there were many eggs _____ the _____.

3. 그래서 그는 거위를 죽이고, 배를 갈랐습니다.

So he _____ the goose and cut it _____.

4. "이런! 알이 하나도 없잖아!"라고 남자는 소리쳤습니다.

"Oh no! There are no _____!" cried the man.

04
결말

결국 어떻게 되었나요?

그는 거위와 알 둘 다 잃었습니다.

He lost both his _____ and the _____.

★ 새로운 이야기 쓰기 준비

👦 등장인물과 장소를 바꿔 새로운 이야기의 줄거리를 만들어 보세요.

	원래 이야기	**새로운 이야기**
* 등장인물 1	a man (남자)	a farmer (농부)
* 등장인물 2	a goose (거위)	a hen (암탉)
* 장소	a small town (작은 마을)	a small cottage (작은 오두막집)

01
등장인물

새로운 이야기의 등장인물을 써 보세요.

a _____ and a _____ (농부와 암탉)

02
장소

새로운 이야기의 장소를 써 보세요.

a _____ _____ (작은 오두막집)

03
사건

새로운 이야기의 사건을 잘 읽고, 빈칸에 알맞은 단어를 써 보세요.

1. 암탉은 매일 아름다운 황금알을 하나씩 낳았습니다.

Every day, the _____ laid one _____ golden egg.

2. 그래서 그는 암탉에게 하루 종일(all day long) 먹이를 주었습니다(fed).

So, he fed the _____ all day long.

3. 그는 암탉이 더 많이(more) 먹으면 더 많은(more) 알들을 낳을 거라고 생각했습니다.

He thought the _____ would lay more _____ if it ate more.

4. 며칠 뒤, 암탉은 하루에 알을 세 개씩 낳기 시작했습니다.

A few days later, the _____ started to lay three eggs a day.

04
결말

새로운 이야기의 결말을 잘 읽고, 빈칸에 알맞은 단어를 써 보세요.

곧 농부는 세상에서 가장 부유한 남자가 되었습니다.

Soon, the _____ became the richest man in the _____.

★ 새로운 이야기 쓰기

정답
P.9

'새로운 이야기 쓰기 준비'에서 작성한 줄거리를 활용하여 이야기를 새로 써 보세요.
(검정 글씨는 그대로 쓰고, 밑줄 그은 표현만 바꿔 써요.)

원래 이야기

1. In a small <u>town</u>, there lived a <u>man</u> with a special <u>goose</u>.

2. Every day, the <u>goose</u> laid one beautiful golden egg.

3. The <u>man</u> sold the eggs and made a lot of money.

4. However, he wanted to be the richest man in the world.

5. One day he thought, 'Why does the <u>goose</u> only lay one egg a day?'

6. He thought there were many eggs inside the <u>goose</u>.

7. So, he <u>killed the goose and cut it open.</u>

8. <u>But there were no golden eggs!</u>

9. <u>"Oh no! There are no eggs!" cried the man.</u>

10. <u>He lost both his goose and the eggs.</u>

새로운 이야기

1. In a small _____ , _____ _____ .

2. Every day, _____ _____ .

3. The _____ _____ .

4. However, _____ _____ .

5. One day he thought '_____ _____ _____ ?'

6. He _____ _____ .

7. So, he fed the _____ all day long.

8. He thought the _____ would lay more _____ if it ate _____ .

9. A few days later, the _____ started to _____ three _____ a day.

10. Soon, the _____ became the _____ man in the _____ .

Week 4

The Crow and the Swan

까마귀와 백조

Once there lived a black crow in a jungle.

One day, she saw a swan swimming in a lake.

"I want to be like the white swan," said the crow.

From that day, she copied the swan.

She left her home and started to live like the swan.

The crow said to herself, "I will do everything the swan does all day long!"

Then, she dived into the lake just like the swan did.

The crow even ate the plants the swan did.

But her feathers were still black, and she became weak.

Eventually, she returned home hungry.

crow 까마귀
swan 백조
lake 호수
copy 따라 하다
leave 떠나다
all day long
하루 종일
dive into
~으로 뛰어들다
plant 식물
feather 깃털
still 여전히
weak 약한

 내용 이해하기

본문의 내용을 읽고 질문에 대한 답을 써 보세요.

01 이야기의 등장인물들은 누구인가요?

등장인물

a black _____ and a white _____ (까만 까마귀와 하얀 백조)

02 이야기의 장소는 어디인가요?

장소

a _____ and a _____ (정글과 호수)

03 무슨 일이 일어났나요?

사건

1. "나는 하얀 백조처럼 되고 싶어." 까마귀는 말했습니다.

"I want to be like the _____ _____," said the crow.

2. 그러더니 그녀는 백조가 했던 것처럼 호수 속으로 뛰어들었습니다.

Then, she _____ into the lake just like the _____ did.

3. 까마귀는 심지어 백조가 먹는 풀도 먹었습니다.

The _____ even ate the _____ the swan did.

4. 그러나 그녀의 깃털은 여전히 까맣고 그녀는 약해졌습니다.

But her _____ were still _____ , and she became _____ .

04 결국 어떻게 되었나요?

결말

결국, 그녀는 배고픈 채로 집에 돌아갔습니다.

Eventually, she _____ home _____ .

★ 새로운 이야기 쓰기 준비

🎩 등장인물과 장소를 바꿔 새로운 이야기의 줄거리를 만들어 보세요.

	원래 이야기	새로운 이야기
* 등장인물 1	a black crow (까만 까마귀)	a white duck (하얀 오리)
* 등장인물 2	a white swan (하얀 백조)	a flying stork (나는 황새)
* 장소1	a forest (숲)	a pond (연못)
* 장소2	a lake (호수)	the sky (하늘)

01
등장인물

새로운 이야기의 등장인물을 써 보세요.

a white _____ and a flying _____ (하얀 오리와 나는 황새)

02
장소

새로운 이야기의 장소를 써 보세요.

a _____ and the _____ (연못과 하늘)

03
사건

새로운 이야기의 사건을 잘 읽고, 빈칸에 알맞은 단어를 써 보세요.

1. "나는 날고 있는 황새(flying stork)처럼 되고 싶어"라고 오리는 말했습니다.

"I _____ to be like the flying stork," said the _____ .

2. 그러더니 그녀는 황새가 했던 것처럼 날개들(wings)을 파닥거렸습니다(flapped).

Then, she flapped her wings just like the _____ did.

3. 오리는 심지어 하늘(sky)을 나는 꿈도 꾸었습니다(dreamed of).

The _____ even dreamed of flying in the sky.

4. 마침내, 오리는 하늘을 날 수 있었습니다.

Eventually, the _____ could fly in the sky.

04
결말

새로운 이야기의 결말을 잘 읽고, 빈칸에 알맞은 단어를 써 보세요.

그래서 그녀는 황새와 함께(with) 하늘을 날아다니며 하루 종일(all day) 시간을 보냈습니다(spent).

So, she spent all day flying in the sky with the _____ .

 '새로운 이야기 쓰기 준비'에서 작성한 줄거리를 활용하여 이야기를 새로 써 보세요.
(검정 글씨는 그대로 쓰고, 밑줄 그은 표현만 바꿔 써요.)

원래 이야기

1. Once there lived a <u>black crow</u> in a <u>jungle</u>.

2. One day, she saw a <u>swan swimming</u> in <u>a lake</u>.

3. "I want to be like <u>the white swan</u>," said the <u>crow</u>.

4. From that day, she copied the <u>swan</u>.

5. She left her home and started to live like the <u>swan</u>.

6. The <u>crow</u> said to herself, "I will do everything the <u>swan</u> does all day long!"

7. Then, she <u>dived into the lake</u> just like the <u>swan</u> did.

8. <u>The crow even ate the plants the swan did.</u>

9. <u>But her feathers were still black, and she became weak.</u>

10. <u>Eventually, she returned home hungry.</u>

새로운 이야기

1. Once _____
   _____.

2. One day, she saw a _____ flying in the _____.

3. "I want to be like the flying _____," said the _____.

4. From _____
   _____.

5. She _____
   _____.

6. The _____
   _____
   _____

7. Then, she _____ her _____ just like the _____ did.

8. The _____ even _____ of _____.

9. Eventually, the _____ could fly in the _____.

10. So, she _____ all day flying in the sky with the _____.

The Mother and the Wolf

엄마와 늑대

One day, a hungry wolf came across a small cottage.

A crying baby and his mother were inside.

The mother said, "Stop crying or I will feed you to the wolves!"

The wolf heard the mother and waited for the child.

He waited all day long, but nobody came out.

That night, the wolf heard the mother again, "The wolf won't get you!"

He moved closer to listen carefully.

She said, "There you go. If the wolf comes, daddy will protect you!"

Just then, the father came home with his dogs.

The frightened wolf ran away.

hungry 배고픈
come across 우연히 발견하다
cottage 오두막
inside ~의 안에
feed (먹이로) 주다
wait 기다리다
child 아이
all day long 하루 종일
closer 더 가까이
listen 듣다
carefully 주의 깊게
protect 보호하다
frightened 겁먹은
run away 도망가다

 내용 이해하기

본문의 내용을 읽고 질문에 대한 답을 써 보세요.

01 이야기의 등장인물들은 누구인가요?
등장인물

a hungry _____ , a _____ , and a crying baby

(배고픈 늑대, 엄마와 우는 아이)

02 이야기의 장소는 어디인가요?
장소

a small _____ (작은 오두막)

03 무슨 일이 일어났나요?
사건

1. 그날 밤, 늑대는 엄마의 말을 또 들었습니다, "늑대는 널 잡지 못할 거야!"

That night, the _____ heard the _____ again, "The wolf won't get you!"

2. 그는 주의 깊게 듣기 위해 더 가까이 갔습니다.

He moved _____ to listen _____ .

3. 그녀는 말했습니다. "그래 그렇지. 만약 늑대가 온다면, 아빠가 널 보호해 줄 거야!"

She said, "There you go. If the _____ comes, daddy will _____ you!"

4. 때마침, 아빠가 그의 개들과 함께 집에 왔습니다.

Just then, the _____ came home with his _____ .

04 결국 어떻게 되었나요?
결말

겁먹은 늑대는 도망갔습니다.

The _____ wolf _____ _____ .

★ 새로운 이야기 쓰기 준비

👦 등장인물과 장소를 바꿔 새로운 이야기의 줄거리를 만들어 보세요.

	원래 이야기	새로운 이야기
* 등장인물 1	a wolf (늑대)	a cat (고양이)
* 등장인물 2	a mother (엄마)	a mother mouse (엄마 쥐)
* 등장인물 3	a crying baby (우는 아이)	a baby mouse (아기 쥐)
* 장소	a small cottage (작은 오두막)	a small cave (작은 동굴)

01 등장인물
새로운 이야기의 등장인물을 써 보세요.

a _____, a mother _____, and a baby _____

(고양이, 엄마 쥐, 아기 쥐)

02 장소
새로운 이야기의 장소를 써 보세요.

a small _____ (작은 동굴)

03 사건
새로운 이야기의 사건을 잘 읽고, 빈칸에 알맞은 단어를 써 보세요.

1. 그날 밤, 고양이는 엄마 쥐의 말을 다시 들었습니다. "고양이는 널 잡지 못할 거야!"

That night, the _____ heard the mother again, "The _____ won't get you!"

2. 그녀(엄마 쥐)가 말했습니다. "그래 그렇지. 만약 고양이가 오면 내가 널 보호해 줄 거야!"

She said, "There you go. If the _____ comes, I will protect you!"

3. 고양이는 웃었고(laughed), 동굴로 걸어 들어갔습니다(walked into).

The _____ laughed and walked into the _____ .

4. 그때 엄마 쥐가 고양이를 공격했습니다(attacked).

Just then, the mother _____ attacked the _____ .

04 결말
새로운 이야기의 결말을 잘 읽고, 빈칸에 알맞은 단어를 써 보세요.

엄마 쥐는 아기 쥐를 구했습니다(saved).

The mother _____ saved the baby _____ .

 새로운 이야기 쓰기

'새로운 이야기 쓰기 준비'에서 작성한 줄거리를 활용하여 이야기를 새로 써 보세요.
(검정 글씨는 그대로 쓰고, 밑줄 그은 표현만 바꿔 써요.)

원래 이야기

1. One day, a hungry <u>wolf</u> came across a small <u>cottage</u>.

2. A crying <u>baby</u> and his mother were inside.

3. The mother said, "Stop crying, or I will feed you to the <u>wolves</u>!"

4. The <u>wolf</u> heard the mother and waited for the <u>child</u>.

5. He waited all day long, but nobody came out.

6. That night, the <u>wolf</u> heard the mother again, "The <u>wolf</u> won't get you!"

7. <u>He moved closer to listen carefully.</u>

8. <u>She said, "There you go. If the wolf comes, daddy will protect you!"</u>

9. <u>Just then, the father came home with his dogs.</u>

10. <u>The frightened wolf ran away.</u>

새로운 이야기

1. One day, a hungry _____ came across a small _____.

2. A crying _____ _____ .

3. The _____ _____

4. The _____ _____ .

5. He _____ _____ .

6. That night, _____ _____ _____

7. She said, "There you go. If the cat comes, I will _____ you!"

8. The cat laughed and _____ into the _____ .

9. Just then, the mother mouse _____ the _____ .

10. The mother mouse _____ the baby _____ .

Unit 18

The Ants and the Grasshopper

개미와 베짱이

MP3 듣기

One autumn day, the ants were drying their grain in the backyard.

They have saved the grain during the summer.

Soon after, a hungry grasshopper approached the ants.

Then he begged for some food.

The ants asked, "What were you doing all summer long?"

The grasshopper replied, "I was so busy making music!"

He asked the ants, "Will you please give me some food?"

The ants refused.

They didn't want to share the food they worked hard for.

So, the grasshopper had to leave without any food.

grasshopper 베짱이
autumn 가을
dry 말리다
grain 곡식
backyard 뒷마당
save 저장하다
summer 여름
approach 다가가다
beg 구걸하다
busy 바쁜
refuse 거절하다
share 나누다
hard 열심히
leave 떠나다

본문의 내용을 읽고 질문에 대한 답을 써 보세요.

01 이야기의 등장인물들은 누구인가요?

등장인물

the _____ and a _____ (개미들과 베짱이)

02 이야기의 장소는 어디인가요?

장소

the _____ (뒷마당)

03 무슨 일이 일어났나요?

사건

1. 베짱이가 대답했습니다. "난 음악을 만드느라 너무 바빴어!"

The _____ replied, "I was so _____ making _____ !"

2. 그는 개미들에게 물었습니다. "제발 내게 음식을 줄 수 있겠니?"

He asked the _____, "Will you please _____ me some food?"

3. 개미들은 거절했습니다.

The ants _____ .

4. 그들은 그들이 열심히 일해서 모은 음식을 나눠 주고 싶지 않았습니다.

They didn't want to _____ the food they worked _____ for.

04 결국 어떻게 되었나요?

결말

그래서 베짱이는 음식을 하나도 얻지 못하고 떠나야 했습니다.

So, the _____ had to leave without any _____ .

등장인물과 장소를 바꿔 새로운 이야기의 줄거리를 만들어 보세요.

	원래 이야기	새로운 이야기
* 등장인물 1	ants (개미들)	squirrels (다람쥐들)
* 등장인물 2	a grasshopper (베짱이)	a fox (여우)
* 장소	the backyard (뒷마당)	the field (들판)

01
등장인물

새로운 이야기의 등장인물을 써 보세요.

_____ and a _____ (다람쥐들과 여우)

02
장소

새로운 이야기의 장소를 써 보세요.

the _____ (들판)

03
사건

새로운 이야기의 사건을 잘 읽고, 빈칸에 알맞은 단어를 써 보세요.

1. 여우가 대답했습니다. "난 음악을 만드느라 너무 바빴어!"

The _____ replied, "I was so busy making _____!"

2. 여우는 말했습니다. "하지만 나는 지금(now) 그것을 후회해(regret). 내게 음식을 줄 수 있겠니?"

The _____ said, "But I regret it now. Will you give me some _____?"

3. 다람쥐들은 여우를 불쌍히 여겼습니다(felt pity).

The _____ felt pity for the _____.

4. 그래서 그들은 여우와 음식을 나누었습니다.

So, they shared their food with the _____.

04
결말

새로운 이야기의 결말을 잘 읽고, 빈칸에 알맞은 단어를 써 보세요.

마침내, 여우는 다람쥐들에게 고마워했습니다(grateful).

At the end, the _____ was grateful to the _____.

88

새로운 이야기 쓰기

'새로운 이야기 쓰기 준비'에서 작성한 줄거리를 활용하여 이야기를 새로 써 보세요.
(검정 글씨는 그대로 쓰고, 밑줄 그은 표현만 바꿔 써요.)

원래 이야기

1. One autumn day, the <u>ants</u> were drying their grain in the <u>backyard</u>.

2. They have saved the grain during the summer.

3. Soon after, a hungry <u>grasshopper</u> approached the <u>ants</u>.

4. Then he begged for some food.

5. The <u>ants</u> asked, "What were you doing all summer long?"

6. The <u>grasshopper</u> replied, "I was so busy making music!"

7. <u>He asked the ants, "Will you please give me some food?"</u>

8. <u>The ants refused.</u>

9. <u>They didn't want to share the food they worked hard for.</u>

10. <u>So, the grasshopper had to leave without any food.</u>

새로운 이야기

1. One autumn day, _____ _____ _____ .

2. They _____ _____ .

3. Soon after, _____ _____ .

4. Then _____ .

5. The _____ asked, "_____ _____ ?"

6. The _____ replied, "_____ _____ !"

7. The _____ said, "But I _____ it now. Will you _____ me some _____ ?"

8. The _____ felt pity _____ the _____ .

9. So, they _____ their _____ with the _____ .

10. At the end, the _____ was _____ to the _____ .

The Monkey and the Camel

원숭이와 낙타

All of the animals in a forest came together for the lion king's party.

One of the animals asked the monkey, "Would you dance for us?"

The monkey said, "Of course. I can dance for you!"

Everybody was very pleased with his dance.

But the camel was envious of the monkey.

The camel thought he could dance like the monkey.

So, he started to dance.

But the camel made himself look ridiculous.

He kicked his legs and twisted his long neck.

So, the animals all gathered and drove the camel away.

animal 동물
come together 모이다
monkey 원숭이
everybody 모든 이
pleased 기쁜
envious 시샘하는, 질투하는
ridiculous 우스꽝스러운
kick (발로) 차다
twist 비틀다
gather 모이다
drive away 내쫓다

본문의 내용을 읽고 질문에 대한 답을 써 보세요.

01 이야기의 등장인물들은 누구인가요?

등장인물
a _____, _____, and a _____ (원숭이, 동물들, 낙타)

02 이야기의 장소는 어디인가요?

장소
a _____ (숲)

03 무슨 일이 일어났나요?

사건
1. 낙타는 자신이 원숭이처럼 춤을 출 수 있다고 생각했습니다.

The camel _____ he could dance _____ the monkey.

2. 그래서 그는 춤을 추기 시작했습니다.

So, he started to _____.

3. 그러나 낙타는 자신을 우스꽝스럽게 만들었습니다.

But the camel _____ himself look _____.

4. 그는 다리를 걷어차고 그의 긴 목을 비틀었습니다.

He _____ his legs and _____ his long neck.

04 결국 어떻게 되었나요?

결말
그래서 동물들은 모두 모여 낙타를 쫓아냈습니다.

So, the _____ all gathered and drove the _____ away.

🧢 등장인물과 장소를 바꿔 새로운 이야기의 줄거리를 만들어 보세요.

	원래 이야기	새로운 이야기
* 등장인물 1	a monkey (원숭이)	a peacock (공작새)
* 등장인물 2	animals (동물들)	animals (동물들)
* 등장인물 3	a camel (낙타)	a hen (암탉)
* 장소	a forest (숲)	a village (마을)

01
등장인물

새로운 이야기의 등장인물을 써 보세요.

a _____ , _____ , and a _____ (공작새, 동물들과 암탉)

02
장소

새로운 이야기의 장소를 써 보세요.

a _____ (마을)

03
사건

새로운 이야기의 사건을 잘 읽고, 빈칸에 알맞은 단어를 써 보세요.

1. 암탉은 자신이 공작새처럼 춤을 출 수 있다고 생각했습니다.

The _____ thought she could _____ like the _____ .

2. 그래서 그녀는 춤을 추기 시작했습니다.

So, she _____ to dance.

3. 암탉은 그녀의 움직임(moves)을 자랑(show off)하려고 노력했습니다.

The _____ tried to show off her moves.

4. 암탉은 공작새보다 훨씬(much) 춤을 잘(better) 췄습니다.

The _____ danced much better than the _____ .

04
결말

새로운 이야기의 결말을 잘 읽고, 빈칸에 알맞은 단어를 써 보세요.

그래서 동물들은 그녀(암탉)의 춤을 보고서는 신이 났습니다.

So, the _____ were excited to see her _____ .

새로운 이야기 쓰기

정답 P.11

'새로운 이야기 쓰기 준비'에서 작성한 줄거리를 활용하여 이야기를 새로 써 보세요.
(검정 글씨는 그대로 쓰고, 밑줄 그은 표현만 바꿔 써요.)

원래 이야기

1. All of the animals in a <u>forest</u> came together for the lion king's party.

2. One of the animals asked the <u>monkey</u>, "Would you dance for us?"

3. The <u>monkey</u> said, "Of course. I can dance for you!"

4. Everybody was very pleased with <u>his</u> dance.

5. But the <u>camel</u> was envious of the <u>monkey</u>.

6. The <u>camel</u> thought <u>he</u> could dance like the <u>monkey</u>.

7. So, <u>he</u> started to dance.

8. <u>But the camel made himself look ridiculous.</u>

9. <u>He kicked his legs and twisted his long neck.</u>

10. <u>So, the animals all gathered and drove the camel away.</u>

새로운 이야기

1. All _____
_____
_____ .

2. One of the animals asked the _____ ,
" _____
_____ ?"

3. The _____ said, " _____
_____ ."

4. Everybody _____
with her _____ .

5. But the _____
_____ .

6. The _____
_____ .

7. So, she _____ .

8. The _____ tried to _____ off her _____ .

9. The hen _____ much _____ than the _____ .

10. So, the _____ were _____ to see her _____ .

The Lion and the Mouse

사자와 생쥐

One day, a lion was sleeping in a forest.

A little mouse tiptoed around the lion's nose.

But the mouse woke up the lion.

The angry lion tried to catch the mouse.

The scared mouse said, "Please let me go. Someday I will repay you."

The lion was doubtful but he let the mouse go.

A few days later, the lion was caught on a hunter's net.

The mouse saw this and quickly ran to the lion.

The mouse bit off all of the ropes.

Finally, the mouse saved the lion.

tiptoe 발끝으로 살금살금 걷다
around 주위에
wake up ~를 깨우다
try ~하려고 하다
catch 잡다
scared 겁먹은
let somebody go ~를 풀어 주다
someday 언젠가
repay 보답하다
doubtful 의심을 품은
quickly 재빨리
bite off 물어 끊다
rope 밧줄

 내용 이해하기

 정답 P.11

😊 본문의 내용을 읽고 질문에 대한 답을 써 보세요.

01
등장인물
이야기의 등장인물들은 누구인가요?

a _____ , a _____ and a _____ (사자, 생쥐, 사냥꾼)

02
장소
이야기의 장소는 어디인가요?

a _____ (숲)

03
사건
무슨 일이 일어났나요?

1. 사자는 의심스러웠지만 쥐를 풀어 주었습니다.

The lion was _____ but he _____ the mouse go.

2. 며칠 후, 사자는 사냥꾼의 그물에 잡혔습니다.

A few days later, the lion was _____ on a hunter's _____ .

3. 쥐는 이것을 보았고 사자에게 재빨리 달려갔습니다.

The _____ saw this and _____ ran to the lion.

4. 쥐는 모든 밧줄을 물어서 끊었습니다.

The mouse _____ _____ all of the ropes.

04
결말
결국 어떻게 되었나요?

마침내, 쥐는 사자를 구했습니다.

Finally, the mouse _____ the _____ .

Unit 20 95

새로운 이야기 쓰기 **준비**

👦 등장인물과 장소를 바꿔 새로운 이야기의 줄거리를 만들어 보세요.

	원래 이야기	**새로운 이야기**
* 등장인물 1	a lion (사자)	a wolf (늑대)
* 등장인물 2	a mouse (생쥐)	a cat (고양이)
* 등장인물 3	a hunter (사냥꾼)	a hunter (사냥꾼)
* 장소	a forest (숲)	a village (마을)

01
등장인물

새로운 이야기의 등장인물을 써 보세요.

a _____ , a _____ and a _____ (늑대, 고양이, 사냥꾼)

02
장소

새로운 이야기의 장소를 써 보세요.

a _____ (마을)

03
사건

새로운 이야기의 사건을 잘 읽고, 빈칸에 알맞은 단어를 써 보세요.

1. 늑대는 의심스러웠지만 고양이를 풀어 주었습니다.

The _____ was doubtful but he let the _____ go.

2. 며칠 후, 늑대는 사냥꾼의 그물에 잡혔습니다.

A few days later, the _____ was caught on a _____'s net.

3. 고양이는 이것을 보았습니다.

The _____ saw this.

4. 하지만 고양이는 사냥꾼이 너무 무서워(was scared of) 달아났습니다(ran away).

But the _____ was so scared of the hunter that he ran away.

04
결말

새로운 이야기의 결말을 잘 읽고, 빈칸에 알맞은 단어를 써 보세요.

그래서 늑대는 사냥꾼에게 잡혔습니다.

So, the _____ was caught by the _____ .

'새로운 이야기 쓰기 준비'에서 작성한 줄거리를 활용하여 이야기를 새로 써 보세요.
(검정 글씨는 그대로 쓰고, 밑줄 그은 표현만 바꿔 써요.)

원래 이야기

1. One day, a <u>lion</u> was sleeping in a <u>forest</u>.

2. A little <u>mouse</u> tiptoed around the <u>lion</u>'s nose.

3. But the <u>mouse</u> woke up the <u>lion</u>.

4. The angry <u>lion</u> tried to catch the <u>mouse</u>.

5. The scared <u>mouse</u> said, "Please let me go. Someday I will repay you."

6. The <u>lion</u> was doubtful but he let the <u>mouse</u> go.

7. A few days later, the <u>lion</u> was caught on a hunter's net.

8. The <u>mouse</u> saw this <u>and quickly ran to the lion.</u>

9. <u>The mouse bit off all of the ropes.</u>

10. <u>Finally, the mouse saved the lion.</u>

새로운 이야기

1. One day, _____
   _____.

2. A little _____
   _____.

3. But _____
   _____.

4. The _____
   _____.

5. The_____said, "_____
   " _____
   _____ ."

6. The _____
   _____.

7. A few days later, _____
   _____.

8. The _____ saw _____.

9. But the _____ was so scared of
   the _____ that he _____
   _____ .

10. So, the_____ was _____
    by the _____ .

Week 5

Unit 21

The Fisherman and the Tiny Fish

어부와 아주 작은 물고기

MP3 듣기

Once there lived a poor fisherman.

The fisherman lived on the fish he caught.

One day, he caught a tiny fish in the sea.

He was about to put it into his basket.

The fish said, "Please let me go. I'm too tiny."

The fish added, "When I'm bigger, you could catch me then."

But the fisherman said, "I would be a fool to let you go."

He added, "Even though you are tiny, you are better than nothing."

Then he put the tiny fish into his basket.

He happily returned home.

poor 가난한
fisherman 어부
live on ~을 먹고 살다
catch 잡다
tiny 아주 작은
be about to
막 ~하려고 하다
basket 바구니
let somebody go
~을 풀어 주다
then 그때
fool 어리석은 사람
even though
~임에도 불구하고
better than
~보다 더 낫다
happily 행복하게

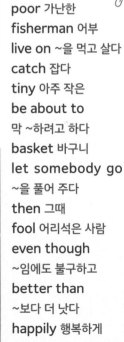

 내용 이해하기

본문의 내용을 읽고 질문에 대한 답을 써 보세요.

01 이야기의 등장인물들은 누구인가요?

등장인물

a _____ and a _____ (어부와 물고기)

02 이야기의 장소는 어디인가요?

장소

the _____ (바다)

03 무슨 일이 일어났나요?

사건

1. 물고기는 덧붙였습니다. "제가 더 커졌을 때, 그때 저를 잡으면 돼요."

The fish added, "When I'm _____ , you could _____ me then."

2. 그러나 어부가 말했습니다. "내가 너를 놓아 준다면 난 어리석은 거겠지."

But the _____ said, "I would be a _____ to let you _____ ."

3. 그는 덧붙였습니다. "네가 아주 작음에도 불구하고, 아무것도 없는 것보다는 낫지."

He added, "Even though you are _____ , you are better than _____ ."

4. 그러더니 그는 아주 작은 물고기를 그의 바구니에 넣었습니다.

Then he put the _____ fish into his _____ .

04 결국 어떻게 되었나요?

결말

그는 행복하게 집으로 돌아갔습니다.

He _____ returned home.

★ 새로운 이야기 쓰기 준비

👦 등장인물과 장소를 바꿔 새로운 이야기의 줄거리를 만들어 보세요.

원래 이야기	새로운 이야기
* 등장인물 1 a fisherman (어부)	a hunter (사냥꾼)
* 등장인물 2 a fish (물고기)	a bird (새)
* 장소 the sea (바다)	the forest (숲)

01 새로운 이야기의 등장인물을 써 보세요.

등장인물   a _____ and a _____ (사냥꾼과 새)

02 새로운 이야기의 장소를 써 보세요.

장소   the _____ (숲)

03 새로운 이야기의 사건을 잘 읽고, 빈칸에 알맞은 단어를 써 보세요.

사건   1. 새가 덧붙였습니다. "제가 더 커졌을 때, 그때 저를 잡으면 돼요."

The _____ added, "When I'm _____ , you could catch me _____ ."

2. 사냥꾼이 말했습니다. "그래, 난 널 믿어(believe)."

The _____ said, "Okay, I believe you."

3. 그는 덧붙였습니다. "약속을 꼭 지키렴(keep your word)."

He _____ , "Please keep your word."

4. 그러더니 사냥꾼은 새를 놓아 주었습니다.

Then the _____ let the _____ go.

04 새로운 이야기의 결말을 잘 읽고, 빈칸에 알맞은 단어를 써 보세요.

결말   그는 행복하게 집으로 돌아갔습니다.

He happily _____ home.

 새로운 이야기 쓰기

'새로운 이야기 쓰기 준비'에서 작성한 줄거리를 활용하여 이야기를 새로 써 보세요.
(검정 글씨는 그대로 쓰고, 밑줄 그은 표현만 바꿔 써요.)

원래 이야기

1. Once there lived a poor <u>fisherman</u>.

2. The <u>fisherman</u> lived on the <u>fish</u> he caught.

3. One day, he caught a tiny <u>fish</u> in the <u>sea</u>.

4. He was about to put it into his <u>basket</u>.

5. The <u>fish</u> said, "Please let me go. I'm too tiny."

6. The <u>fish</u> added, "When I'm bigger, you could catch me then."

7. <u>But the fisherman said, "I would be a fool to let you go."</u>

8. He added, <u>"Even though you are tiny, you are better than nothing."</u>

9. Then <u>he put the tiny fish into his basket.</u>

10. He happily returned home.

새로운 이야기

1. Once _____
_____ .

2. The _____
the birds he caught.

3. One day, _____
_____ .

4. He was about to _____ it into his cage.

5. The bird said, "_____
_____ ."

6. The _____ added, "_____
_____
_____ ."

7. The _____ said, "Okay, I _____ you."

8. He added, "Please _____ your _____ ."

9. Then the _____ let the _____ go.

10. He happily _____ home.

The Fox and the Goat

여우와 염소

One day, a fox fell into a well in a deep forest.

The fox tried to get out of the well, but he couldn't.

A few minutes later, a goat came by to drink some water.

The goat asked, "How is the water? Is it good?"

The fox said, "It's the best water in the world!"

So, the goat jumped in and drank the water.

The fox quickly jumped on the goat's back and got out of the well.

The goat begged, "Please help me get out too," but the fox didn't.

The fox said, "You should have thought of a way out before you jumped in!"

Then the fox walked away into the forest.

well 우물
deep 깊은
come by 잠깐 들르다
drink 마시다
good 좋은
best 최고의
jump in 뛰어들다
back 등
get out 나가다
beg 애원하다
before ~전에
walk away
떠나 버리다

 내용 이해하기

본문의 내용을 읽고 질문에 대한 답을 써 보세요.

01 이야기의 등장인물들은 누구인가요?

등장인물 a _____ and a _____ (여우와 염소)

02 이야기의 장소는 어디인가요?

장소 a _____ (우물)

03 무슨 일이 일어났나요?

사건 1. 그래서 염소는 뛰어들어 물을 마셨습니다.

So, the goat _____ in and _____ the water.

2. 여우는 재빨리 염소 등에 올라 우물에서 나왔습니다.

The fox _____ jumped on the goat's _____ and got out of the well.

3. 염소는 애원했습니다. "제발 나도 나갈 수 있게 도와줘." 하지만 여우는 도와주지 않았습니다.

The goat _____ , "Please help me _____ _____ too," but the fox didn't.

4. 여우가 말했습니다. "뛰어들기 전에 나가는 방법을 생각했어야지."

The fox said, "You should have _____ of a way out _____ you jumped in!"

04 결국 어떻게 되었나요?

결말 그러더니 여우는 숲속으로 떠나 버렸습니다.

Then the fox _____ away into the _____ .

★ 새로운 이야기 쓰기 준비

👦 등장인물과 장소를 바꿔 새로운 이야기의 줄거리를 만들어 보세요.

원래 이야기   **새로운 이야기**

* 등장인물 1   ➡   a fox (여우)   ➡   a monkey (원숭이)
* 등장인물 2   a goat (염소)   a sheep (양)
* 장소   a well (우물)   a lake (호수)

01 등장인물

새로운 이야기의 등장인물을 써 보세요.

a _____ and a _____ (원숭이와 양)

02 장소

새로운 이야기의 장소를 써 보세요.

a _____ (호수)

03 사건

새로운 이야기의 사건을 잘 읽고, 빈칸에 알맞은 단어를 써 보세요.

1. 그래서 양은 뛰어들어 물을 마셨습니다.

So, the _____ jumped in and drank the _____ .

2. 원숭이는 재빨리 양의 등에 올라 호수에서 나왔습니다.

The _____ quickly jumped on the _____'s back and got out of the _____ .

3. 양은 애원했습니다, "제발 나도 나갈 수 있게 도와줘."

The sheep _____, "Please _____ me get out too."

4. 원숭이는 양을 불쌍히 여겼습니다(felt pity).

The _____ felt pity for the _____ .

04 결말

새로운 이야기의 결말을 잘 읽고, 빈칸에 알맞은 단어를 써 보세요.

그래서 원숭이는 양을 구해 주었습니다(saved).

So, the _____ saved the _____ .

 새로운 이야기 쓰기

 '새로운 이야기 쓰기 준비'에서 작성한 줄거리를 활용하여 이야기를 새로 써 보세요.
(검정 글씨는 그대로 쓰고, 밑줄 그은 표현만 바꿔 써요.)

원래 이야기

1. One day, a <u>fox</u> fell into a <u>well</u> in a deep forest.

2. The <u>fox</u> tried to get out of the <u>well</u>, but he couldn't.

3. A few minutes later, a <u>goat</u> came by to drink some water.

4. The <u>goat</u> asked, "How is the water? Is it good?"

5. The <u>fox</u> said, "It's the best water in the world!"

6. So, the <u>goat</u> jumped in and drank the water.

7. The <u>fox</u> quickly jumped on the <u>goat</u>'s back and got out of the <u>well</u>.

8. The <u>goat</u> begged, "Please help me get out too," <u>but the fox didn't.</u>

9. <u>The fox said, "You should have thought of a way out before you jumped in."</u>

10. <u>Then the fox walked away into the forest.</u>

새로운 이야기

1. One day, _____ _____ .

2. The _____ _____ _____ .

3. A few minutes later, _____ _____ .

4. The _____ asked, "_____ _____ ?"

5. The _____ said, "_____ _____ ."

6. So, _____ _____ .

7. The _____ _____ _____ .

8. The _____ begged, "Please _____ me _____ out too."

9. The _____ felt _____ for the _____ .

10. So, the _____ saved the sheep.

Unit 23

The Old Lion and the Fox

늘은 사자와 여우

Long ago, an old lion lived alone in a dark cave.

His teeth and claws were very worn out.

It was difficult for him to hunt for food.

So, the lion pretended to be sick.

Lots of animals came to visit the poor lion.

As they entered the cave, the lion ate them one by one.

One day, a fox came to see the lion.

But he refused to go inside the cave.

The fox said, "I see many footprints going into your cave, but none coming out."

The clever fox didn't go inside and headed back home.

alone 혼자
dark 어두운
claw 발톱
be worn out
닳아져 있다
difficult 어려운
pretend ~인 척하다
visit 방문하다
poor 가여운
enter 들어가다
one by one
(차례대로) 하나씩
refuse 거절하다
inside ~안에, ~안으로
footprint 발자국
none 아무도
clever 똑똑한
head back
~로 돌아가다

 내용 이해하기

본문의 내용을 읽고 질문에 대한 답을 써 보세요.

01
등장인물

이야기의 등장인물들은 누구인가요?

an old _____ and a _____ (늙은 사자와 여우)

02
장소

이야기의 장소는 어디인가요?

a dark _____ (동굴)

03
사건

무슨 일이 일어났나요?

1. 많은 동물들은 가여운 사자를 방문하러 왔습니다.

Lots of animals came to _____ the _____ lion.

2. 그들이 동굴로 들어가자, 사자는 그들을 한 마리씩 먹었습니다.

As they entered the _____ , the lion ate them one by _____ .

3. 하지만 그(여우)는 동굴 안으로 들어가는 것은 거부했습니다.

But he _____ to go _____ the cave.

4. 여우는 말했습니다. "당신의 동굴로 들어가는 많은 발자국이 보이지만, 동굴 밖으로 나온 발자국은 보이지 않아요."

The fox said, "I _____ many _____ going into your cave but _____ coming out."

04
결말

결국 어떻게 되었나요?

똑똑한 여우는 안에 들어가지 않고 집으로 돌아갔습니다.

The _____ fox didn't go inside and _____ back home.

★ 새로운 이야기 쓰기 준비

👦 등장인물과 장소를 바꿔 새로운 이야기의 줄거리를 만들어 보세요.

	원래 이야기	새로운 이야기
* 등장인물 1	an old lion (늙은 사자)	an old cheetah (늙은 치타)
* 등장인물 2	a fox (여우)	a monkey (원숭이)
* 장소	a dark cave (어두운 동굴)	a dark tree house (어두운 나무 집)

01
등장인물

새로운 이야기의 등장인물을 써 보세요.

an _____ _____ and a _____ (늙은 치타와 원숭이)

02
장소

새로운 이야기의 장소를 써 보세요.

a _____ _____ _____ (어두운 나무 집)

03
사건

새로운 이야기의 사건을 잘 읽고, 빈칸에 알맞은 단어를 써 보세요.

1. 많은 동물들은 가여운 치타를 방문하러 왔습니다.

Lots of animals came to _____ the poor _____ .

2. 그들이 나무 집으로 들어가자, 치타는 그들을 한 마리씩 먹었습니다.

As they _____ the tree house, the _____ ate them one by one.

3. 처음에는(at first) 그가(원숭이가) 나무 집 안으로 들어가는 것을 거부했습니다.

At first, he refused to go inside the _____ _____ .

4. 치타는 말했습니다. "네가 안으로 들어오면(come in) 내가 너에게 바나나를 줄게."

The _____ said, "I'll give you a banana if you come in."

04
결말

새로운 이야기의 결말을 잘 읽고, 빈칸에 알맞은 단어를 써 보세요.

그래서 원숭이는 안으로 들어갔고, 치타는 그를 공격했습니다.

So, the _____ went inside and the _____ attacked him .

 '새로운 이야기 쓰기 준비'에서 작성한 줄거리를 활용하여 이야기를 새로 써 보세요.
(검정 글씨는 그대로 쓰고, 밑줄 그은 표현만 바꿔 써요.)

원래 이야기

1. Long ago, an old lion lived alone in a dark cave.

2. His teeth and claws were very worn out.

3. It was difficult for him to hunt for food.

4. So, the lion pretended to be sick.

5. Lots of animals came to visit the poor lion.

6. As they entered the cave, the lion ate them one by one.

7. One day, a fox came to see the lion.

8. But he refused to go inside the cave.

9. The fox said, "I see many footprints going into your cave but none coming out."

10. The clever fox didn't go inside and headed back home.

새로운 이야기

1. Long ago, _____ _____.

2. His teeth _____ _____.

3. It _____ _____.

4. So, _____ _____.

5. Lots of _____ _____.

6. As _____ _____.

7. One day, _____ _____.

8. At first, he _____ to go inside the _____.

9. The _____ said, "I'll _____ you a banana if you _____ in."

10. So, the _____ went inside and the _____.

Unit 24

The Heron

왜가리

Long ago, a heron was walking along a stream.

The heron wanted to have breakfast.

The stream was full of small fish.

But the heron didn't want to eat the small fish.

He wanted to have a bigger fish.

As he walked the shallow waters, a small perch came nearby.

The heron said, "A perch is not big enough!"

He started to look for something else.

But the heron realized there were no more fish near him.

So instead of fish, the heron had to have a tiny snail.

long ago 옛날에
heron 왜가리
walk along
~을 따라 걷다
be full of
~로 가득 차다
shallow 얕은
perch 민물고기
nearby 가까운 곳에
enough 충분히
look for 찾다
something else
(또) 다른 것
realize 깨닫다
no more
더 이상 ~가 없는
near 가까이
instead of 대신에
snail 달팽이

112

 내용 이해하기

본문의 내용을 읽고 질문에 대한 답을 써 보세요.

01
등장인물

이야기의 등장인물들은 누구인가요?

a _____ and a small _____ (왜가리와 작은 민물고기)

02
장소

이야기의 장소는 어디인가요?

a _____ (개울)

03
사건

무슨 일이 일어났나요?

1. 그가 얕은 물을 걷고 있을 때, 작은 민물고기 한 마리가 가까운 곳에 왔습니다.

As he walked the _____ waters, a small perch came _____ .

2. 왜가리가 말했습니다. "민물고기는 충분히 크지 않아!"

The heron said, "A _____ is not big _____!"

3. 그는 다른 것을 찾기 시작했습니다.

He started to _____ for something else.

4. 하지만 왜가리는 그의 가까이에 물고기들이 더 이상 없다는 것을 깨달았습니다.

But the heron _____ there were no more _____ near him.

04
결말

결국 어떻게 되었나요?

그래서 물고기 대신 왜가리는 아주 작은 달팽이를 먹어야만 했습니다.

So _____ of fish, the heron had to have a tiny _____ .

새로운 이야기 쓰기 준비

👦 등장인물과 장소를 바꿔 새로운 이야기의 줄거리를 만들어 보세요.

	원래 이야기		**새로운 이야기**
* 등장인물 1	a heron (왜가리)	➡	an eagle (독수리)
* 등장인물 2	a small perch (작은 민물고기)	➡	a small perch (작은 민물고기)
* 장소	a stream (개울)		a river (강)

01
등장인물

새로운 이야기의 등장인물을 써 보세요.

an _____ and a _____ _____ (독수리와 작은 민물고기)

02
장소

새로운 이야기의 장소를 써 보세요.

a _____ (강)

03
사건

새로운 이야기의 사건을 잘 읽고, 빈칸에 알맞은 단어를 써 보세요.

1. 그가 얕은 물을 걷고 있을 때, 작은 민물고기 한 마리가 가까운 곳에 왔습니다.

As he _____ the shallow waters, a small _____ came nearby.

2. 독수리가 말했습니다. "아, 너무 배고파(hungry). 못 참겠어(I can't help it)!"

The _____ said, "Oh, I'm so hungry. I can't help it!"

3. 그는 작은 민물고기를 잡아서(caught) 먹었습니다.

He caught the small _____ and ate it.

4. 그러더니 독수리는 가까운 곳에 있던 더 많은 물고기들을 먹었습니다.

Then the _____ ate more _____ nearby.

04
결말

새로운 이야기의 결말을 잘 읽고, 빈칸에 알맞은 단어를 써 보세요.

그래서 그(독수리)는 만족함을 느끼며(feeling satisfied) 집에 돌아갔습니다(went back home).

So, he went back _____ feeling satisfied.

정답 P.13

★ 새로운 이야기 쓰기

🎩 '새로운 이야기 쓰기 준비'에서 작성한 줄거리를 활용하여 이야기를 새로 써 보세요.
(검정 글씨는 그대로 쓰고, 밑줄 그은 표현만 바꿔 써요.)

원래 이야기

1. Long ago, a <u>heron</u> was walking along a <u>stream</u>.

2. The <u>heron</u> wanted to have breakfast.

3. The <u>stream</u> was full of small fish.

4. But the <u>heron</u> didn't want to eat the small fish.

5. He wanted to have a bigger fish.

6. As he walked the shallow waters, a small perch came nearby.

7. The <u>heron</u> said, "<u>A perch is not big enough!</u>"

8. <u>He started to look for something else.</u>

9. <u>But the heron realized there were no more fish near him.</u>

10. <u>So instead of fish, the heron had to have a tiny snail.</u>

새로운 이야기

1. Long ago, _____
_____.

2. The _____
_____.

3. The _____.

4. But the _____
_____.

5. He _____
_____.

6. As _____
_____.

7. The _____ said, "Oh, I'm so _____. I can't _____ it!"

8. He _____ the small _____ and ate it.

9. Then the _____ ate more _____ nearby.

10. So, he _____ back _____ feeling _____.

The Tiger and the Four Cows

호랑이와 네 마리의 암소

Once there lived four cows in a forest.

They were good friends and always grazed together.

One day, a tiger was watching them.

But he didn't get close.

The tiger said, "I can't fight all four of them at once."

Then one morning, the cows had a fight.

So, they grazed from a distance.

The tiger thought this was a great chance to hunt.

One by one, the tiger attacked the cows.

Eventually, the tiger ate them all.

forest 숲
always 항상
graze 풀을 뜯다
together 함께
watch 지켜보다
get close 다가가다
at once 동시에
have a fight 싸우다
from a distance
멀리서
chance 기회
hunt 사냥하다
one by one 하나씩
attack 공격하다
eventually 결국

본문의 내용을 읽고 질문에 대한 답을 써 보세요.

01 이야기의 등장인물들은 누구인가요?

등장인물 four _____ and a _____ (네 마리의 암소와 호랑이)

02 이야기의 장소는 어디인가요?

장소 a _____ (숲)

03 무슨 일이 일어났나요?

사건 1. 그러던 어느 날 아침, 암소들은 싸웠습니다.

Then one morning, the cows had a _____.

2. 그래서 그들은 멀리 떨어져 풀을 뜯었습니다.

So, they grazed from a _____.

3. 호랑이는 이것이 사냥하기에 아주 좋은 기회라고 생각했습니다.

The tiger thought this was a great _____ to _____.

4. 한 마리씩, 호랑이는 암소들을 공격했습니다.

One _____ one, the tiger _____ the cows.

04 결국 어떻게 되었나요?

결말 결국, 호랑이는 그(암소)들 전부를 잡아먹었습니다.

Eventually, the tiger ate them _____.

★ 새로운 이야기 쓰기 준비

👦 등장인물과 장소를 바꿔 새로운 이야기의 줄거리를 만들어 보세요.

	원래 이야기	**새로운 이야기**
★ 등장인물 1	four cows (네 마리의 암소)	four sheep (네 마리의 양)
★ 등장인물 2	a tiger (호랑이)	a wolf (늑대)
★ 장소	a forest (숲)	a farm (농장)

01
등장인물

새로운 이야기의 등장인물을 써 보세요.

four _____ and a _____ (네 마리의 양과 늑대)

02
장소

새로운 이야기의 장소를 써 보세요.

a _____ (농장)

03
사건

새로운 이야기의 사건을 잘 읽고, 빈칸에 알맞은 단어를 써 보세요.

1. 그러던 어느 날 아침, 양들은 싸웠습니다.

Then one morning, the _____ had a fight.

2. 그래서 그들은 멀리 떨어져 풀을 뜯었습니다.

So, they _____ from a distance.

3. 그러나 양들 중 한 마리가 말했습니다. "화해하자(let's make up)! 혼자 있는 것은 위험해(dangerous)."

But one of the _____ said, "Let's make up! It's dangerous to be _____."

4. 네 마리의 양들은 서로에게(one another) 사과했습니다(apologized).

The four _____ apologized to one another.

04
결말

새로운 이야기의 결말을 잘 읽고, 빈칸에 알맞은 단어를 써 보세요.

그래서 늑대는 그들(양들)을 공격할 수 없었습니다.

So, the _____ couldn't attack them.

정답 P.14

'새로운 이야기 쓰기 준비'에서 작성한 줄거리를 활용하여 이야기를 새로 써 보세요.
(검정 글씨는 그대로 쓰고, 밑줄 그은 표현만 바꿔 써요.)

원래 이야기

1. Once there lived four <u>cows</u> <u>in</u> a <u>forest</u>.

2. They were good friends and always grazed together.

3. One day, a <u>tiger</u> was watching them.

4. But he didn't get close.

5. The <u>tiger</u> said, "I can't fight all four of them at once."

6. Then one morning, the <u>cows</u> had a fight.

7. So, they grazed from a distance.

8. <u>The tiger thought this was a great chance to hunt.</u>

9. <u>One by one, the tiger attacked the cows.</u>

10. <u>Eventually, the tiger ate them all.</u>

새로운 이야기

1. Once there lived four _____ on a _____.

2. They _____ _____ _____.

3. One day, _____ _____.

4. But _____ _____.

5. The wolf said, "_____ _____."

6. Then one morning, _____ _____.

7. So, they grazed from a _____.

8. But one of the _____ said, "Let's _____! It's _____ to be alone."

9. The four _____ apologized to _____.

10. So, the _____ couldn't _____ them.

memo

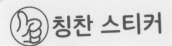

* 하루 공부를 끝내고 8쪽 스케줄 표에 칭찬 스티커를 붙이세요.

초등영어글쓰기

이솝우화편

영어 문해력을 키우는

초등 영어 글쓰기

이솝 우화 편

허준석, 이재영, 김혜림, 오유나 지음

★ 정답 및 해석 ★

넥서스에듀

영어 문해력을 키우는

초등 영어
글쓰기 이솝 우화 편

★ 정답 및 해석 ★

넥서스에듀

정답

Unit 01

🗣 본문의 내용을 읽고 질문에 대한 답을 써 보세요.

01 이야기의 등장인물은 누구인가요?
등장인물　a mother ＿crab＿ and a baby ＿crab＿ (엄마 게와 아기 게)

02 이야기의 장소는 어디인가요?
장소　the ＿beach＿ (해변)

03 무슨 일이 일어났나요?
사건
1. 해변을 걷는 동안에 아기 게는 옆으로 걷고 있었습니다.
While walking on the ＿beach＿, the baby crab was walking ＿sideways＿.
2. 엄마 게가 말했습니다. "앞으로 똑바로 걸어야지!"
The mother crab said, "You should ＿walk＿ ＿straight＿!"
3. 그러더니 그녀도 옆으로 걷기 시작했습니다!
Then she ＿started＿ to ＿walk＿ sideways, too!
4. 그녀(엄마 게)는 계속 시도했지만 오로지 옆으로만 걸을 수 있었습니다.
She ＿kept＿ on trying, but she could only ＿walk＿ ＿sideways＿.

04 결국 어떻게 되었나요?
결말　그녀(엄마 게)는 아주 많이 시도했지만, 그녀는 매번 앞으로 넘어졌습니다.
She ＿tried＿ so many times, but she ＿fell＿ on her nose every time.

13p

🗣 등장인물과 장소를 바꿔 새로운 이야기의 줄거리를 만들어 보세요.

원래 이야기	새로운 이야기
등장인물 1 ▸ a mother crab (엄마 게)	a mother fox (엄마 여우)
등장인물 2 ▸ a baby crab (아기 게)	a baby fox (아기 여우)
장소 ▸ the beach (해변)	the forest (숲)

01 새로운 이야기의 등장인물을 써 보세요.
등장인물　a mother ＿fox＿ and a baby ＿fox＿ (엄마 여우와 아기 여우)

02 새로운 이야기의 장소를 써 보세요.
장소　the ＿forest＿ (숲)

03 새로운 이야기의 사건을 잘 읽고, 빈칸에 알맞은 단어를 써 보세요.
사건
1. 숲속을 걷는 동안에 아기 여우는 네 발로 걷고 있었습니다(walking on all four legs).
While walking in the forest, the ＿baby＿ ＿fox＿ was walking on all four legs.
2. 엄마 여우가 말했습니다. "두 발로 걸어야지(walk on two legs)!"
The mother ＿fox＿ said, "You should ＿walk＿ on two legs!"
3. 그러더니 그녀(엄마 여우)도 네 발로 걷기 시작했습니다.
Then she started to ＿walk＿ on all four legs, too.
4. 그제야(only then) 그녀(엄마 여우)는 그녀의 잘못(mistake)을 깨달았습니다(realized).
Only then ＿she＿ realized her mistake.

04 새로운 이야기의 결말을 잘 읽고, 빈칸에 알맞은 단어를 써 보세요.
결말　그래서 그녀(엄마 여우)는 아기 여우에게 사과했습니다(apologized).
So, she apologized to the ＿baby＿ ＿fox＿.

14p

🗣 '새로운 이야기 쓰기 준비'에서 작성한 줄거리를 활용하여 이야기를 새로 써 보세요.
(검정 글씨는 그대로 쓰고, 밑줄 그은 표현만 바꿔 쓰요.)

원래 이야기	새로운 이야기
1. Once there lived a mother <u>crab</u> and a baby <u>crab</u>.	1. Once ＿there lived a mother fox＿ ＿and a baby fox＿.
2. They lived on the <u>beach</u>.	2. They ＿lived＿ in the ＿forest＿.
3. While walking on the <u>beach</u>, the baby <u>crab</u> was walking <u>sideways</u>.	3. While ＿walking＿ in the ＿forest＿, the baby fox was walking on all four legs.
4. The mother <u>crab</u> said, "You should walk <u>straight</u>!"	4. The ＿mother fox＿ said, "You should ＿walk on two legs＿!"
5. The baby <u>crab</u> said, "I can't. Can you show me how?"	5. The baby fox said, "I can't. Can you ＿show＿ me how?"
6. The mother <u>crab</u> replied, "Watch carefully, my dear!"	6. The mother fox replied, "＿Watch carefully, my dear＿!"
7. Then she started to walk <u>sideways</u>, too!	7. Then she ＿started＿ to walk on all four legs, too.
8. She kept on trying, but she could only walk <u>sideways</u>.	8. She ＿kept on trying＿ but she could only walk on all four legs.
9. <u>The mother crab wanted to turn her toes, but she could not.</u>	9. Only then she ＿realized＿ her ＿mistake＿.
10. <u>She tried so many times, but she fell on her nose every time.</u>	10. So, she ＿apologized＿ to the ＿baby fox＿.

15p

Unit 02

🗣 본문의 내용을 읽고 질문에 대한 답을 써 보세요.

01 이야기의 등장인물은 누구인가요?
등장인물　a ＿fox＿ and a ＿stork＿ (여우와 황새)

02 이야기의 장소 두 곳은 어디인가요?
장소　the fox's ＿house＿ and the stork's ＿house＿ (여우의 집과 황새의 집)

03 무슨 일이 일어났나요?
사건
1. 여우는 얕은 접시에 수프를 따랐습니다.
The fox ＿poured＿ some soup in the ＿shallow＿ dishes.
2. 그런데 황새의 부리가 너무 길어서 수프를 하나도 먹을 수가 없었습니다.
But the stork's ＿beak＿ was too ＿long＿ to eat any.
3. 이번에는 황새가 목이 좁은 병에 수프를 따랐습니다.
This time, the stork poured some ＿soup＿ into the ＿narrow＿ neck jars.
4. 황새는 그의 수프를 모두 먹었지만 여우는 먹을 수 없었습니다.
The stork ＿ate＿ all of his ＿soup＿, but the fox couldn't.

04 결국 어떻게 되었나요?
결말　이번에는 여우가 배고픈 채로 떠나야 했습니다.
This time, the fox had to ＿leave＿ with an ＿empty＿ stomach.

17p

🗣 등장인물과 장소를 바꿔 새로운 이야기의 줄거리를 만들어 보세요.

원래 이야기	새로운 이야기
등장인물 1 ▸ a fox (여우)	a rabbit (토끼)
등장인물 2 ▸ a stork (황새)	a crane (두루미)
장소 1 ▸ the fox's house (여우의 집)	the rabbit's house (토끼의 집)
장소 1 ▸ the stork's house (황새의 집)	the crane's house (두루미의 집)

01 새로운 이야기의 등장인물을 써 보세요.
등장인물　a ＿rabbit＿ and a ＿crane＿ (토끼와 두루미)

02 새로운 이야기의 장소 두 곳을 써 보세요.
장소　the ＿rabbit's＿ house and the crane's ＿house＿
(토끼의 집과 두루미의 집)

03 새로운 이야기의 사건을 잘 읽고, 빈칸에 알맞은 단어를 써 보세요.
사건
1. 토끼는 얕은 접시들에 수프를 따랐습니다.
The ＿rabbit＿ poured some soup in the shallow ＿dishes＿.
2. 그런데 두루미의 부리가 너무 길어서 수프를 하나도 먹을 수 없었습니다.
But the ＿crane＿'s beak was too ＿long＿ to eat any.
3. 이번에는 두루미가 수프를 얕은 접시와 목이 좁은 병에 따랐습니다.
This time, the ＿crane＿ poured some soup in a shallow dish and a narrow neck jar.
4. 그래서 그들은 둘 다(both) 수프를 먹을 수 있었습니다.
So, they both could eat their ＿soup＿.

04 새로운 이야기의 결말을 잘 읽고, 빈칸에 알맞은 단어를 써 보세요.
결말　그러자 토끼는 두루미에게 사과했습니다(apologized).
Then the ＿rabbit＿ apologized to the ＿crane＿.

18p

🗣 '새로운 이야기 쓰기 준비'에서 작성한 줄거리를 활용하여 이야기를 새로 써 보세요.
(검정 글씨는 그대로 쓰고, 밑줄 그은 표현만 바꿔 쓰요.)

원래 이야기	새로운 이야기
1. One day, the <u>stork</u> went to the <u>fox's house for dinner</u>.	1. One day, ＿the crane went＿ ＿to the rabbit's house for dinner＿.
2. The <u>fox</u> poured some soup in the shallow dishes.	2. The ＿rabbit poured some soup＿ ＿in the shallow dishes＿.
3. The <u>fox</u> quickly ate all of his soup.	3. The ＿rabbit quickly＿ ＿ate all of his soup＿.
4. But the <u>stork's</u> beak was too long to eat any.	4. But ＿the crane's beak was＿ ＿too long to eat any＿.
5. The <u>fox</u> asked, "Aren't you hungry?"	5. The ＿rabbit＿ asked, "＿Aren't you hungry＿?"
6. The <u>stork</u> replied, "I'm not hungry right now."	6. The crane replied, "＿I'm not hungry right now＿."
7. The next day, the <u>fox</u> was invited to the <u>stork's house</u>.	7. The next day, ＿the rabbit was invited＿ ＿to the crane's house＿.
8. This time, <u>the stork poured some soup into the narrow neck jars.</u>	8. This time, the ＿crane＿ poured some ＿soup＿ in a shallow ＿dish＿ and a ＿narrow＿ neck ＿jar＿.
9. <u>The stork ate all of his soup, but the fox couldn't.</u>	9. So, they ＿both＿ could ＿eat＿ their ＿soup＿.
10. <u>This time, the fox had to leave with an empty stomach.</u>	10. Then the ＿rabbit＿ apologized to the ＿crane＿.

19p

2

본문의 내용을 읽고 질문에 대한 답을 써 보세요.

01 이야기의 등장인물들은 누구인가요?
등장인물 an __ant__ , a __dove__ , and a __hunter__ (개미, 비둘기, 사냥꾼)

02 이야기의 장소는 어디인가요?
장소 the __pond__ (연못)

03 무슨 일이 일어났나요?
사건 1. 물을 마시는 동안, 그(개미)는 미끄러져서 물에 빠졌습니다.
While drinking water, he __slipped__ and __fell__ into the water.

2. 비둘기는 재빨리 나뭇잎을 잡아서 개미에게 던졌습니다.
The dove quickly grabbed a __leaf__ and threw it __to__ the ant.

3. 한 사냥꾼이 비둘기 위에 그물을 던지려 하고 있었습니다.
A __hunter__ was trying to throw a __net__ over the dove.

4. 개미는 재빨리 사냥꾼의 발목을 물었습니다!
The ant quickly bit the hunter's __ankle__ !

04 결국 어떻게 되었나요?
결말 사냥꾼은 그물을 떨어뜨렸고, 개미는 비둘기를 구했습니다.
The hunter __dropped__ the net, and the ant saved the __dove__ .

21p

등장인물과 장소를 바꿔 새로운 이야기의 줄거리를 만들어 보세요.

원래 이야기
· 등장인물 1   an ant (개미)
· 등장인물 2   a dove (비둘기)
· 등장인물 3   a hunter (사냥꾼)
· 장소   the pond (연못)

새로운 이야기
a ladybug (무당벌레)
a fish (물고기)
a fisherman (어부)
the stream (개울)

01 새로운 이야기의 등장인물을 써 보세요.
등장인물 a __ladybug__ , a __fish__ , and a __fisherman__ (무당벌레, 물고기, 어부)

02 새로운 이야기의 장소를 써 보세요.
장소 the __stream__ (개울)

03 새로운 이야기의 사건을 잘 읽고, 빈칸에 알맞은 단어를 써 보세요.
사건 1. 물을 마시는 동안, 그(무당벌레)는 미끄러져 물에 빠졌습니다.
While __drinking__ water, he __slipped__ and fell into the water.

2. 물고기는 재빨리 무당벌레에게 나뭇가지(branch)를 가져다주었습니다(brought).
The __fish__ quickly brought a branch over to the __ladybug__ .

3. 한 어부가 물고기 위에 그물을 던지려 하고 있었습니다.
A __fisherman__ was trying to throw a net over the __fish__ .

4. 무당벌레는 재빨리 어부의 손가락(finger)을 물었습니다.
The __ladybug__ quickly bit the __fisherman's__ finger!

04 새로운 이야기의 결말을 잘 읽고, 빈칸에 알맞은 단어를 써 보세요.
결말 어부는 그물을 떨어뜨렸고, 무당벌레는 물고기를 구했습니다.
The __fisherman__ dropped the net and the __ladybug__ saved the __fish__ .

22p

'새로운 이야기 쓰기 준비'에서 작성한 줄거리를 활용하여 이야기를 새로 써 보세요.
(검정 글씨는 그대로 쓰고, 밑줄 그은 표현만 바꿔 써요.)

원래 이야기

1. One day, an ant came out to drink some water from the pond.
2. While drinking water, he slipped and fell into the water.
3. "Help! Help!" cried the ant.
4. Just then, a dove passing by saw the ant.
5. The dove quickly grabbed a leaf and threw it to the ant.
6. The ant climbed onto the leaf and thanked the dove.
7. A few days later, the ant saw the dove again.
8. A hunter was trying to throw a net over the dove.
9. The ant quickly bit hunter's ankle!
10. The hunter dropped the net and the ant saved the dove.

새로운 이야기

1. One day, a ladybug came out to drink some water from the stream.
2. While drinking water, he slipped and fell into the water.
3. "Help! Help!" cried the ladybug.
4. Just then, a fish in the stream saw the ladybug.
5. The fish quickly brought a branch over to the ladybug.
6. The ladybug climbed onto the branch and thanked the fish.
7. A few days later, the ladybug saw the fish again.
8. A fisherman was trying to throw a net over the fish.
9. The ladybug quickly bit the fisherman's finger!
10. The fisherman dropped the net and the ladybug saved the fish.

23p

본문의 내용을 읽고 질문에 대한 답을 써 보세요.

01 이야기의 등장인물들은 누구인가요?
등장인물 a white __goat__ and a brown __goat__ (하얀 염소와 갈색 염소)

02 이야기의 장소는 어디인가요?
장소 the __river__ (강)

03 무슨 일이 일어났나요?
사건 1. 그래서 그들은 싸우기 시작했습니다.
So, they began to __fight__ .

2. 하얀 염소가 말했습니다. "내가 너보다 나이가 많아!"
The white goat said, "I'm __older__ than you!"

3. 갈색 염소가 말했습니다. "내가 너보다 힘이 세!"
The brown goat said, "I'm __stronger__ than you!"

4. 결국 그들은 둘 다 균형을 잃기 시작했습니다.
Eventually, they __both__ started to lose their __balance__ .

04 결국 어떻게 되었나요?
결말 그래서 두 마리의 염소는 모두 다리에서 떨어졌습니다.
So, the two goats both __fell__ __off__ the bridge.

25p

등장인물과 장소를 바꿔 새로운 이야기의 줄거리를 만들어 보세요.

원래 이야기
· 등장인물 1   a white goat (하얀 염소)
· 등장인물 2   a brown goat (갈색 염소)
· 장소   the river (강)

새로운 이야기
a white horse (하얀 말)
a brown horse (갈색 말)
the lake (호수)

01 새로운 이야기의 등장인물을 써 보세요.
등장인물 a __white__ __horse__ and a __brown__ __horse__ (하얀 말과 갈색 말)

02 새로운 이야기의 장소를 써 보세요.
장소 the __lake__ (호수)

03 새로운 이야기의 사건을 잘 읽고, 빈칸에 알맞은 단어를 써 보세요.
사건 1. 그래서 그들은 싸우기 시작했습니다.
So, they __began__ to __fight__ .

2. 하얀 말이 말했습니다. "내가 너보다 나이가 많아!"
The white __horse__ said, "I'm order __than__ you!"

3. 잠시 후에 갈색 말이 말했습니다. "난 더 이상(anymore) 싸우고 싶지 않아. 너 먼저 가."
After a while, the __brown__ __horse__ said, "I don't want to fight anymore. You can go first."

4. 하얀 말은 미안한 마음이 들었고(felt bad), 사과도 했습니다(apologized as well).
The __white__ __horse__ felt bad and apologized as well.

04 새로운 이야기의 결말을 잘 읽고, 빈칸에 알맞은 단어를 써 보세요.
결말 그래서 두 마리의 말은 한 마리씩(one at a time) 다리를 건너갔습니다.
So, the two __horses__ crossed the __bridge__ one at a time.

26p

'새로운 이야기 쓰기 준비'에서 작성한 줄거리를 활용하여 이야기를 새로 써 보세요.
(검정 글씨는 그대로 쓰고, 밑줄 그은 표현만 바꿔 써요.)

원래 이야기

1. Once there lived a white goat and a brown goat.
2. They lived next to the river with a very narrow bridge.
3. One day, the two goats both needed to cross the bridge.
4. The goats met face to face in the middle of the bridge.
5. They both wanted to go first.
6. So, they began to fight.
7. The white goat said, "I'm older than you!"
8. The brown goat said, "I'm stronger than you!"
9. Eventually, they both started to lose their balance.
10. So, the two goats both fell off the bridge.

새로운 이야기

1. Once there lived a white horse and a brown horse.
2. They lived next to the lake with a very narrow bridge.
3. One day, the two horses both needed to cross the bridge.
4. The horses met face to face in the middle of the bridge.
5. They both wanted to go first.
6. So, they began to fight.
7. The white horse said, "I'm older than you !"
8. After a while, the brown horse said, "I don't want to fight anymore. You can go first ."
9. The white horse felt bad and apologized as well.
10. So, the two horses crossed the bridge one at a time.

27p

Unit 05

본문의 내용을 읽고 질문에 대한 답을 써 보세요.

01 등장인물
이야기의 등장인물들은 누구인가요?
a salt __merchant__ and a __donkey__ (소금 장수와 당나귀)

02 장소
이야기의 장소는 어디인가요?
a __stream__ (개울)

03 사건
무슨 일이 일어났나요?
1. 그때 그는 자루가 더 가벼워진 것을 깨달았습니다.
Then he realized the bags were __lighter__.
2. 다음 날, 소금 장수는 당나귀 등에 많은 양의 솜을 실었습니다.
The next day, the salt merchant put a lot of __cotton__ on the donkey's __back__.
3. 이번에는 당나귀가 일부러 물에 빠졌습니다.
This time, the donkey __fell__ in the water on __purpose__.
4. 하지만 자루는 더욱 더 무거워졌습니다.
But the bags became much __heavier__.

04 결말
결국 어떻게 되었나요?
그래서 당나귀는 전보다 더 무거운 자루를 운반해야 했습니다.
So, the donkey had to __carry__ heavier bags than __before__.

29p

동장인물과 장소를 바꿔 새로운 이야기의 줄거리를 만들어 보세요.

원래 이야기		새로운 이야기
· 등장인물 1 a salt merchant (소금 장수)	→	a sugar merchant (설탕 장수)
· 등장인물 2 a donkey (당나귀)		a horse (말)
· 장소 a stream (개울)		a river (강)

01 등장인물
새로운 이야기의 등장인물을 써 보세요.
a __sugar__ __merchant__ and a __horse__ (설탕 장수와 말)

02 장소
새로운 이야기의 장소를 써 보세요.
a __river__ (강)

03 사건
새로운 이야기의 사건을 잘 읽고, 빈칸에 알맞은 단어를 써 보세요.
1. 그때 그는 자루가 더 가벼워진 것을 깨달았습니다.
Then he __realized__ the bags were lighter.
2. 다음 날, 설탕 장수는 말의 등에 더 많은(more) 설탕(sugar)을 실었습니다.
The next day, the __sugar__ __merchant__ put more sugar on the __horse__'s back.
3. 이번에는 말이 일부러 물에 빠졌습니다.
This time, the __horse__ fell in the __water__ on purpose.
4. 자루가 더욱(much) 더 가벼워졌습니다.
The __bags__ became much lighter.

04 결말
새로운 이야기의 결말을 잘 읽고, 빈칸에 알맞은 단어를 써 보세요.
그래서 설탕 장수는 말에게 화가 났습니다.
So, the __sugar__ __merchant__ got angry at the __horse__.

30p

'새로운 이야기 쓰기 준비'에서 작성한 줄거리를 활용하여 이야기를 새로 써 보세요.
(검정 글씨는 그대로 쓰고, 밑줄 그은 표현만 바꿔 써요.)

원래 이야기	새로운 이야기
1. Long ago, there lived a salt merchant and a donkey.	1. Long ago, __there lived__ __a sugar merchant and a horse__.
2. The salt merchant always put heavy bags on the donkey's back.	2. The __sugar__ merchant always put __heavy bags on the horse's back__.
3. One day, the donkey had to carry heavy bags of salt.	3. One day, __the horse had to carry__ __heavy bags of sugar__.
4. While crossing a stream, the donkey fell into the water.	4. While __crossing a river,__ __the horse fell into the water__.
5. Then he realized the bags were lighter.	5. Then __he realized__ __the bags were lighter__.
6. The donkey thought, "I should fall into the water to make the bags lighter!"	6. The __horse__ thought, "__I should fall into the water__ __to make the bags lighter__!"
7. The next day, salt merchant put a lot of cotton on the donkey's back.	7. The next day, the __sugar merchant__ put __more sugar__ on the __horse__'s back.
8. This time, the donkey fell in the water on purpose.	8. This time, __the horse fell__ __in the water on purpose__.
9. But the bags became much heavier.	9. The __bags__ became much lighter.
10. So, the donkey had to carry heavier bags than before.	10. So, the __sugar merchant__ got __angry__ at the __horse__.

31p

Unit 06

본문의 내용을 읽고 질문에 대한 답을 써 보세요.

01 등장인물
이야기의 등장인물들은 누구인가요?
a __wolf__ and a __crane__ (늑대와 두루미)

02 장소
이야기의 장소는 어디인가요?
a __forest__ (숲)

03 사건
무슨 일이 일어났나요?
1. "알았어, 널 도와줄게."라고 두루미가 말했습니다.
"Okay, I will __help__ you," said the __crane__.
2. 두루미는 머리를 늑대의 입에 넣고 뼈를 뽑았습니다!
The crane __put__ his head into the wolf's mouth and pulled the __bone__ out!
3. 두루미가 물었습니다. "내게 보답으로 무엇을 줄 거니?"
The crane asked, "What will you give me __in__ __return__?"
4. "뭐라고? 내가 널 잡아먹지 않은 것에 감사하렴."이라고 늑대가 말했습니다.
"What? Just be __grateful__ I didn't __eat__ you __up__," said the wolf.

04 결말
결국 어떻게 되었나요?
두루미는 깊은 숨을 쉬고는 아무것도 얻지 못하고 날아갔습니다.
The crane let out a __deep__ __breath__ and __flew__ __away__ with nothing.

35p

동장인물과 장소를 바꿔 새로운 이야기의 줄거리를 만들어 보세요.

원래 이야기		새로운 이야기
· 등장인물 1 a wolf (늑대)	→	a lion (사자)
· 등장인물 2 a crane (두루미)		a stork (황새)
· 장소 a forest (숲)		a field (들판)

01 등장인물
새로운 이야기의 등장인물을 써 보세요.
a __lion__ and a __stork__ (사자와 황새)

02 장소
새로운 이야기의 장소를 써 보세요.
a __field__ (들판)

03 사건
새로운 이야기의 사건을 잘 읽고, 빈칸에 알맞은 단어를 써 보세요.
1. "미안해, 널 도와주기에는 너무(too) 무서워(scared)."라고 황새가 말했습니다.
"I'm sorry, I'm too scared to help you," said the __stork__.
2. 날이 지남에 따라(as days went by) 사자는 점점 약해졌습니다(grew weaker).
As days went by, the __lion__ grew weaker.
3. 그래서 황새는 사자의 입에 머리를 집어넣고 뼈를 뽑았습니다.
So, the __stork__ put his head into the __lion__'s mouth and pulled the __bone__ out.
4. 황새가 말했습니다. "나는 어떤 보상도 필요(need) 없어."
The __stork__ said, "I don't need any __reward__."

04 결말
새로운 이야기의 결말을 잘 읽고, 빈칸에 알맞은 단어를 써 보세요.
황새는 그저 살아서(alive) 행복했습니다.
The __stork__ was just happy to be alive.

36p

'새로운 이야기 쓰기 준비'에서 작성한 줄거리를 활용하여 이야기를 새로 써 보세요.
(감정 글씨는 그대로 쓰고, 밑줄 그은 표현만 바꿔 써요.)

원래 이야기	새로운 이야기
1. Once there lived a greedy wolf in a forest.	1. Once __there lived__ __a greedy lion in a field__.
2. One day, the greedy wolf ate his dinner so fast that he even swallowed a bone!	2. One day, __the greedy lion__ __ate his dinner so fast that__ __he even swallowed a bone__!
3. The bone got stuck in his throat.	3. The __bone got stuck in his throat__.
4. A crane passing by saw the wolf in pain.	4. A __stork passing by__ __saw the lion in pain__.
5. The wolf said, "Please help me. I promise to give you a reward."	5. The lion said, "__Please help me.__ __I promise to give you a reward__."
6. "Okay, I will help you," said the crane.	6. "I'm sorry. I'm too __scared__ to __help__ you," said the __stork__.
7. The crane put his head into the wolf's mouth and pulled the bone out!	7. As days __went__ by, the __lion__ grew __weaker__.
8. The crane asked, "What will you give me in return?"	8. So, the __stork__ put his head into the __lion__'s mouth and __pulled__ the bone __out__.
9. "What? Just be grateful I didn't eat you up," said the wolf.	9. The __stork__ said, "I don't need any __reward__."
10. The crane let out a deep breath and flew away with nothing.	10. The __stork__ was just happy to be __alive__.

37p

Unit 07

본문의 내용을 읽고 질문에 대한 답을 써 보세요.

01 이야기의 등장인물들은 누구인가요?
등장인물 a __donkey__ , a __rabbit__ and __animals__ (당나귀, 토끼, 동물들)

02 이야기의 장소는 어디인가요?
장소 a __forest__ (숲)

03 무슨 일이 일어났나요?
사건 1. 당나귀는 사자의 가죽을 입었습니다.
The __donkey__ put the lion's __skin__ on.
2. 바로 그때, 토끼 한 마리가 사자의 가죽을 쓴 당나귀를 보았습니다.
Just then, a rabbit __saw__ the donkey in the __lion__ 's skin.
3. 그를 본 모든 동물들은 도망쳤습니다.
All of the animals who saw him __ran__ away.
4. 그날 밤, 강한 바람이 사자 가죽을 날려 보냈습니다.
That night, a strong wind __blew__ __off__ the lion's skin.

04 결국 어떻게 되었나요?
결말 모든 동물들은 그것이 단지 사자 가죽 아래에 있는 당나귀였다는 것에 충격을 받았습니다.
All of the animals were __shocked__ that it was just the donkey __under__ the lion's skin.

39p

동장인물과 장소를 바꿔 새로운 이야기의 줄거리를 만들어 보세요.

원래 이야기		새로운 이야기
· 등장인물 1 a donkey (당나귀)		a fox (여우)
· 등장인물 2 a rabbit (토끼) →	→	a squirrel (다람쥐)
· 장소 a forest (숲)		a field (들판)

01 새로운 이야기의 등장인물을 써 보세요.
등장인물 a __fox__ and a __squirrel__ (여우와 다람쥐)

02 새로운 이야기의 장소를 써 보세요.
장소 a __field__ (들판)

03 새로운 이야기의 사건을 잘 읽고, 빈칸에 알맞은 단어를 써 보세요.
사건 1. 여우는 사자의 가죽을 입었습니다.
The __fox__ put the __lion__ 's skin on.
2. 바로 그때, 다람쥐 한 마리가 사자의 가죽을 쓴 여우를 보았습니다.
Just then, a __squirrel__ saw the __fox__ in the lion's skin.
3. 그런데 다람쥐는 그것이 사자 가죽을 쓴 여우라는 것을 깨달았습니다.(realized)
But the squirrel realized it was the __fox__ in the lion's skin.
4. 그래서 그(다람쥐)는 여우에게서 사자 가죽을 벗겼습니다.(took off)
So, he took off the lion's skin from the __fox__ .

04 새로운 이야기의 결말을 잘 읽고, 빈칸에 알맞은 단어를 써 보세요.
결말 그러자 여우는 도망쳤습니다.
Then the __fox__ ran away.

40p

'새로운 이야기 쓰기 준비'에서 작성한 줄거리를 활용하여 이야기를 새로 써 보세요.
(검정 글씨는 그대로 쓰고, 밑줄 그은 표현만 바꿔 써요.)

원래 이야기	새로운 이야기
1. In a <u>forest</u>, a <u>donkey</u> found the skin of a lion a hunter had left.	1. In a __field__ , a fox found the skin of a lion a hunter had left.
2. The <u>donkey</u> thought, 'If I put this skin on, everyone will be scared of me!'	2. The __fox__ thought, ' __If I put this skin on, everyone will be scared of me__ !'
3. The <u>donkey</u> put the lion's skin on.	3. The __fox__ put the lion's skin on.
4. Just then, a <u>rabbit</u> saw the donkey in the lion's skin.	4. Just then, __a squirrel saw the fox__ in the lion's skin.
5. The <u>rabbit</u> shouted, "Oh my! It's a lion!"	5. The __squirrel__ shouted, " __Oh my! It's a lion__ !"
6. The <u>donkey</u> became more confident.	6. The __fox__ became more confident.
7. So, he started to walk around the <u>forest</u> like a real lion.	7. So, __he started to walk around the field__ like a real lion.
8. <u>All of the animals who saw him ran away.</u>	8. But the squirrel __realized__ it was the __fox__ in the lion's skin.
9. <u>That night, a strong wind blew off the lion's skin.</u>	9. So, he took off the __lion's__ __skin__ from the __fox__ .
10. <u>All of the animals were shocked that it was just the donkey under the lion's skin.</u>	10. Then the __fox__ ran away.

41p

Unit 08

본문의 내용을 읽고 질문에 대한 답을 써 보세요.

01 이야기의 등장인물들은 누구인가요?
등장인물 a __man__ , a __donkey__ and a __horse__ (남자, 당나귀, 말)

02 이야기의 장소는 어디인가요?
장소 the __market__ (시장)

03 무슨 일이 일어났나요?
사건 1. 말이 대답했습니다. "당신 왜 너의 짐들을 지고 가야 하지?"
The horse replied, "Why __should__ I carry your loads?"
2. 당나귀는 다시 물었습니다. "제발 나를 도와줄 수 있니?"
The donkey __asked__ again, "Can you help me, please?"
3. 말은 대답했습니다. "안 돼! 그건 너무 무거워 보여!"
The horse __replied__ , "No! It __looks__ too heavy!"
4. 당나귀는 너무 피곤해서 쓰러졌습니다.
The donkey was so __tired__ that he __collapsed__ .

04 결국 어떻게 되었나요?
결말 걱정한 남자는 모든 짐들을 말에게 옮겼고, 그는(말은) 그것들을 집까지 내내(all the way) 운반해야만 했습니다.
The worried man __moved__ all the loads to the horse, and he had to carry them __all__ the __way__ home.

43p

동장인물과 장소를 바꿔 새로운 이야기의 줄거리를 만들어 보세요.

원래 이야기		새로운 이야기
· 등장인물 1 a man (남자)		a man (남자)
· 등장인물 2 a donkey (당나귀) →	→	a goat (염소)
· 등장인물 3 a horse (말)		an ox (황소)
· 장소 the market (시장)		the village (마을)

01 새로운 이야기의 등장인물을 써 보세요.
등장인물 a __man__ , a __goat__ and an __ox__ (남자, 염소, 황소)

02 새로운 이야기의 장소를 써 보세요.
장소 the __village__ (마을)

03 새로운 이야기의 사건을 잘 읽고, 빈칸에 알맞은 단어를 써 보세요.
사건 1. 황소가 대답했습니다. "내가 왜 너의 짐들을 지고 가야 하지?"
The __ox__ replied, "Why should I carry your __loads__ ?"
2. 염소는 다시 물었습니다. "제발 나를 도와줄 수 있니?"
The __goat__ asked again, "Can you help me, please?"
3. 황소가 대답했습니다. "알겠어, 너 정말(really) 지쳐 보이는구나(look exhausted)."
The __ox__ replied, "Okay, you look really exhausted."
4. 그래서 그들은 무거운 짐을 함께(together) 운반했습니다.
So, they carried the heavy __loads__ together.

04 새로운 이야기의 결말을 잘 읽고, 빈칸에 알맞은 단어를 써 보세요.
결말 그 결과(As a result), 그들 둘 다(both) 너무나 지치지(get exhausted) 않았습니다.
As a result, they both didn't get too __exhausted__ .

44p

'새로운 이야기 쓰기 준비'에서 작성한 줄거리를 활용하여 이야기를 새로 써 보세요.
(검정 글씨는 그대로 쓰고, 밑줄 그은 표현만 바꿔 써요.)

원래 이야기	새로운 이야기
1. Once there lived a man who had a <u>donkey</u> and a <u>horse</u>.	1. Once __there lived a man who had a goat and an ox__ .
2. Every day the <u>donkey</u> and the <u>horse</u> would carry loads from the <u>market</u>.	2. Every day __the goat and the ox would carry loads from the village__ .
3. One day, the man put all the loads on the <u>donkey</u> and none on the <u>horse</u>.	3. One day, __the man put all the loads on the goat and none on the ox__ .
4. The <u>donkey</u> asked, "My friend, can you help me?"	4. The __goat__ asked, " __My friend, can you help me__ ?"
5. The <u>horse</u> replied, "Why should I carry your loads?"	5. The __ox__ replied, " __Why should I carry your loads__ ?"
6. The <u>donkey</u> said nothing and continued to walk.	6. The __goat__ said nothing __and continued to walk__ .
7. The <u>donkey</u> asked again, "Can you help me, please?"	7. The __goat__ asked again, "Can you help me, please?"
8. The <u>horse</u> replied, "No! It looks too heavy!"	8. The __ox__ replied, "Okay, you look really __exhausted__ ."
9. <u>The donkey was so tired that he collapsed.</u>	9. So, they carried the __heavy__ loads __together__ .
10. <u>The worried man moved all the loads to the horse, and he had to carry them all the way home.</u>	10. As a result, they __both__ didn't get too __exhausted__ .

45p

Unit 09

🗣 본문의 내용을 읽고 질문에 대한 답을 써 보세요.

01 이야기의 등장인물들은 누구인가요?
등장인물 a __crow__ (까마귀)

02 이야기의 장소는 어디인가요?
장소 a __forest__ (숲)

03 무슨 일이 일어났나요?
사건
1. 그 물주전자는 높고 매우 좁았습니다.
The pitcher was __tall__ and very __narrow__.
2. 그는 작은 조약돌들을 줍기 시작했습니다.
He started to __pick__ __up__ small __pebbles__.
3. 그러더니 하나씩, 그는 조심스럽게 그것들을 물주전자에 떨어뜨렸습니다.
Then, one by one, he carefully __dropped__ them into the __pitcher__.
4. 물이 올라가기 시작하더니 거의 꼭대기에 닿았습니다.
The water started to __rise__ and almost reached the __top__.

04 결국 어떻게 되었나요?
결말 까마귀는 이제 물을 마실 수 있게 되었습니다.
The __crow__ was now able to __drink__ the water.

47p

Unit 09　47

🗣 등장인물과 장소를 바꿔 새로운 이야기의 줄거리를 만들어 보세요.

원래 이야기
· 등장인물 → a crow (까마귀)
· 장소 → a forest (숲)

새로운 이야기
→ a lizard (도마뱀)
a desert (사막)

01 새로운 이야기의 등장인물을 써 보세요.
등장인물 a __lizard__ (도마뱀)

02 새로운 이야기의 장소를 써 보세요.
장소 a __desert__ (사막)

03 새로운 이야기의 사건을 잘 읽고, 빈칸에 알맞은 단어를 써 보세요.
사건
1. 물주전자는 높고 매우 좁았습니다.
The __pitcher__ was tall and very __narrow__.
2. 그는(도마뱀은) 작은 조약돌들을 줍기 시작했습니다.
He started to __pick__ __up__ small __pebbles__.
3. 그러더니 그는 물주전자에 모든(all) 돌들을 동시에(at once) 와르르 쏟았습니다(dumped).
Then he dumped them into the __pitcher__ all at once.
4. 물주전자가 쓰러졌고(was knocked over) 물이 땅(ground)에 쏟아졌습니다(spilled).
The __pitcher__ was knocked over and the __water__ spilled onto the ground.

04 새로운 이야기의 결말을 잘 읽고, 빈칸에 알맞은 단어를 써 보세요.
결말 그래서 도마뱀은 물을 하나도 마실 수 없었습니다.
So, the __lizard__ couldn't drink any water.

48p

🗣 '새로운 이야기 쓰기 준비'에서 작성한 줄거리를 활용하여 이야기를 새로 써 보세요.
(검정 글씨는 그대로 쓰고, 밑줄 친 표현만 바꿔 써요.)

원래 이야기
1. Once there was a <u>crow</u> who lived in a <u>forest</u>.
2. On a hot summer day, the <u>crow</u> said, "I'm so thirsty!"
3. He found a pitcher with a little bit of water inside.
4. The pitcher was tall and very narrow.
5. So, the <u>crow</u> couldn't reach the water.
6. But the <u>crow</u> had a great idea!
7. He started to pick up small pebbles.
8. <u>Then, one by one, he carefully dropped them into the pitcher.</u>
9. <u>The water started to rise and almost reached the top.</u>
10. <u>The crow was now able to drink the water.</u>

새로운 이야기
1. Once ____ there was a lizard ____ who lived in a desert
2. On a hot summer day, the ____ lizard ____ said " ____ I'm so thirsty ____ !"
3. He ____ found a pitcher with a little bit of water inside
4. The ____ pitcher was tall ____ and very narrow
5. So, ____ the lizard couldn't ____ reach the water
6. But ____ the lizard had a great idea ____ !
7. He started to ____ pick up ____ small pebbles
8. Then he ____ dumped ____ them into the ____ pitcher ____ all at once.
9. The ____ pitcher ____ was knocked over and the ____ water ____ spilled onto the ____ ground ____.
10. So, the ____ lizard ____ couldn't drink any ____ water ____.

49p

Unit 10

🗣 본문의 내용을 읽고 질문에 대한 답을 써 보세요.

01 이야기의 등장인물들은 누구인가요?
등장인물 a __dog__ with a __bone__ (뼈를 가진 개)

02 이야기의 장소는 어디인가요?
장소 a __stream__ (개울)

03 무슨 일이 일어났나요?
사건
1. 그는 더 큰 것(뼈)을 원했고, 그래서 그는 짖기 위해 입을 열었습니다.
He __wanted__ the bigger one, so he opened his __mouth__ to bark.
2. 그러자 그의 뼈가 물에 빠졌습니다.
Then his bone __fell__ into the water.
3. 그 개는 뼈를 되찾기 위해 열심히 노력했습니다.
The dog tried hard to __get__ his bone back.
4. 하지만 그 뼈는 이미 개울을 따라 떠내려가 버렸습니다.
But the bone had __drifted__ __away__ down the stream.

04 결국 어떻게 되었나요?
결말 그 탐욕스러운 개는 매우 슬퍼하며 집으로 갔습니다.
The __greedy__ dog went home feeling very __sad__.

51p

Unit 10　51

🗣 등장인물과 장소를 바꿔 새로운 이야기의 줄거리를 만들어 보세요.

원래 이야기
· 등장인물 → a dog (개)
· 입에 문 것 → a bone (뼈)
· 장소 → a stream (개울)

새로운 이야기
→ a cat (고양이)
a fish (물고기)
a river (강)

01 새로운 이야기의 등장인물을 써 보세요.
등장인물 a __cat__ with a __fish__ (물고기를 가진 고양이)

02 새로운 이야기의 장소를 써 보세요.
장소 a __river__ (강)

03 새로운 이야기의 사건을 잘 읽고, 빈칸에 알맞은 단어를 써 보세요.
사건
1. 그(고양이)는 더 큰 것(물고기)을 원했고, 그래서 그는 휘저었습니다(stirred).
He wanted the __bigger__ one, so he stirred the water.
2. 그러자 더 큰 물고기를 가진 고양이는 사라졌습니다(disappeared).
Then the __cat__ with the __bigger__ __fish__ disappeared.
3. 그는 그 고양이가 그저 자기 그림자(shadow)라는 것을 깨달았습니다(realize).
He realized that the __cat__ was just his shadow.
4. 그래서 그는 물을 젓는(swirling) 것을 멈췄습니다(stopped).
So, he stopped swirling the __water__.

04 새로운 이야기의 결말을 잘 읽고, 빈칸에 알맞은 단어를 써 보세요.
결말 고양이는 물고기를 입에 물고 집에 갑니다.
The __cat__ went home with the __fish__ in his mouth.

52p

🗣 '새로운 이야기 쓰기 준비'에서 작성한 줄거리를 활용하여 이야기를 새로 써 보세요.
(검정 글씨는 그대로 쓰고, 밑줄 친 표현만 바꿔 써요.)

원래 이야기
1. One day, a <u>dog</u> was crossing a <u>stream</u>.
2. He had a big <u>bone</u> in his mouth.
3. While crossing the <u>stream</u>, the <u>dog</u> looked down at the water.
4. He saw another <u>dog</u> with a bigger <u>bone</u>!
5. He wanted the bigger one, so he <u>opened his mouth to bark</u>.
6. <u>Then his bone fell into the water.</u>
7. The <u>dog</u> shouted, "Oh no! That <u>dog</u> was just my reflection!"
8. <u>The dog tried hard to get the bone back.</u>
9. <u>But the bone had drifted away down the stream.</u>
10. <u>The greedy dog went home feeling very sad.</u>

새로운 이야기
1. One day, a cat was crossing a river
2. He ____ had a big fish in his mouth
3. While crossing the ____ river ____ , the cat looked down ____ at the water
4. He ____ saw another cat ____ with a bigger fish ____ !
5. He ____ wanted the bigger one ____ , so he ____ stirred ____ the water.
6. Then the ____ cat ____ with the bigger fish ____ disappeared ____.
7. The ____ cat ____ shouted, "Oh no! That cat was just my reflection!"
8. He realized that the ____ cat ____ was just his ____ shadow ____.
9. So, he stopped swirling the ____ water ____.
10. The ____ cat ____ went ____ home ____ with the ____ fish ____ in his ____ mouth ____.

53p

Unit 11

🙂 본문의 내용을 읽고 질문에 대한 답을 써 보세요.

01 이야기의 등장인물은 누구인가요?
등장인물 two __friends__ and a __bear__ (두 친구와 곰)

02 이야기의 장소는 어디인가요?
장소 the __mountains__ (산)

03 무슨 일이 일어났나요?
사건 1. 그래서 그는 땅에 누웠고 참았습니다.
So, he lay down on the __ground__ and held his __breath__ .
2. 곰이 다가와 그의 귀에 속삭였습니다.
The bear __came__ __over__ and whispered in his ear.
3. "혼자 도망치는 친구를 믿지 말게나."
"Don't __trust__ a friend who __runs__ __away__ alone."
4. 그러더니 곰은 그의 동굴로 돌아갔습니다.
Then the __bear__ walked back to his __cave__ .

04 결국 어떻게 되었나요?
감발 그의 친구는 부끄러워서 사과했습니다.
His friend felt __ashamed__ and __apologized__ .

57p

Unit 11 57

🙂 등장인물과 장소를 바꿔 새로운 이야기의 줄거리를 만들어 보세요.

원래 이야기	새로운 이야기
• 등장인물 1 : two friends (두 친구)	two monkeys (원숭이 두 마리)
• 등장인물 2 : a bear (곰)	a lion (사자)
• 장소 : the mountains (산)	a jungle (정글)

01 새로운 이야기의 등장인물을 써 보세요.
등장인물 __two__ __monkeys__ and a __lion__ (원숭이 두 마리와 사자)

02 새로운 이야기의 장소를 써 보세요.
장소 a __jungle__ (정글)

03 새로운 이야기의 사건을 잘 읽고, 빈칸에 알맞은 단어를 써 보세요.
사건 1. 그래서 그(원숭이)는 땅에 누웠고 숨을 참았습니다.
So, he lay down on the __ground__ and __held__ his breath.
2. 사자가 다가와 그의 귀에 속삭였습니다.
The __lion__ came __over__ and whispered in his __ear__ .
3. "원숭아, 무서워하지 마(don't be afraid), 나는 그저 너와 친구가 되고 싶어."
"Don't be afraid, __monkey__ . I just want to be your friend."
4. 그러더니 사자는 그 원숭이를 저녁식사(dinner)에 초대했습니다(invited).
Then the __lion__ invited the __monkey__ to dinner.

04 새로운 이야기의 결말을 잘 읽고, 빈칸에 알맞은 단어를 써 보세요.
감발 그의 친구는 그 원숭이가 매우(very) 부러웠습니다(was jealous of).
His friend was very jealous of the __monkey__ .

58p

🙂 '새로운 이야기 쓰기 준비'에서 작성한 줄거리를 활용하여 이야기를 새로 써 보세요.

원래 이야기	새로운 이야기
1. One autumn day, two friends were hiking in the mountains.	1. One autumn day, __two monkeys__ were hiking in a jungle .
2. Suddenly, a bear appeared.	2. Suddenly, __a lion appeared__ .
3. One of the friends quickly climbed a tree nearby.	3. One of __the monkeys quickly climbed a tree nearby__ .
4. It was too late for the other friend to run away.	4. It was too late for __the other monkey to run away__ .
5. So, he lay down on the ground and held his breath.	5. So, __he lay down on the ground and held his breath__ .
6. The bear came over and whispered in his ear.	6. The __lion came over and whispered in his ear__ .
7. "Don't trust a friend who runs away alone."	7. "Don't be __afraid__ , __monkey__ . I just want to be your __friend__ ."
8. Then the bear walked back to his cave.	8. Then the __lion__ invited the __monkey__ to __dinner__ .
9. Later on, the man told his friend what the bear had said.	9. Later on, __the monkey told his friend what the lion had said__ .
10. His friend felt ashamed and apologized.	10. His friend was very __jealous__ of the __monkey__ .

59p

Unit 12

🙂 본문의 내용을 읽고 질문에 대한 답을 써 보세요.

01 이야기의 등장인물은 누구인가요?
등장인물 a __hare__ and a __tortoise__ (토끼와 거북이)

02 이야기의 장소는 어디인가요?
장소 the __mountain__ (산)

03 무슨 일이 일어났나요?
사건 1. 그래서 그(토끼)는 멈추고 낮잠을 자기로 결정했습니다.
So, he decided to __stop__ and take a __nap__ .
2. 거북이는 느리지만 꾸준히 계속 갔습니다.
The tortoise kept going __slowly__ but __steadily__ .
3. 곧 거북이는 잠자는 토끼를 지나쳤습니다.
Soon, the tortoise __passed__ the sleeping hare.
4. 토끼가 깨어났을 때에는 너무 늦었습니다.
When the hare __woke__ up, it was __too__ __late__ .

04 결국 어떻게 되었나요?
감발 결국, 거북이는 경주에서 이겼습니다.
At the end, the tortoise __won__ the __race__ .

61p

Unit 12 61

🙂 등장인물과 장소를 바꿔 새로운 이야기의 줄거리를 만들어 보세요.

원래 이야기	새로운 이야기
• 등장인물 1 : a hare (토끼)	a frog (개구리)
• 등장인물 2 : a tortoise (거북이)	a snail (달팽이)
• 장소 : the mountain (산)	the mountain (산)

01 새로운 이야기의 등장인물을 써 보세요.
등장인물 a __frog__ and a __snail__ (개구리와 달팽이)

02 새로운 이야기의 장소를 써 보세요.
장소 the __mountain__ (산)

03 새로운 이야기의 사건을 잘 읽고, 빈칸에 알맞은 단어를 써 보세요.
사건 1. 그래서 그는(개구리는) 멈추고 낮잠을 자기로 결정했습니다.
So, he __decided__ to stop and take a __nap__ .
2. 달팽이는 느리지만 꾸준히 계속 갔습니다.
The __snail__ __kept__ __going__ slowly but __steadily__ .
3. 불행하게도(unfortunately) 그는 개구리 바로 뒤에서(right before) 넘어졌습니다.
Unfortunately, he fell down right before the __frog__ .
4. 개구리는 돌아가서 달팽이를 일으켜 주었습니다(helped up).
The __frog__ went back and helped the __snail__ up.

04 새로운 이야기의 결말을 잘 읽고, 빈칸에 알맞은 단어를 써 보세요.
감발 결국, 그들은 함께(together) 결승선(finish line)을 통과하였습니다(crossed).
At the end, they crossed the __finish__ line together.

62p

🙂 '새로운 이야기 쓰기 준비'에서 작성한 줄거리를 활용하여 이야기를 새로 써 보세요.
(검정 글씨는 그대로 쓰고, 밑줄 그은 표현만 바꿔 써요)

원래 이야기	새로운 이야기
1. Once there was a hare who always made fun of the tortoise.	1. Once __there was a frog who always made fun of the snail__ .
2. "You are always so slow!" said the hare.	2. "You __are always so slow__ !" said the __frog__ .
3. The tortoise replied, "Let's have a race. I bet I will win."	3. The snail replied, "Let's have a race. __I bet I will win__ ."
4. The hare agreed, so they began to race.	4. The __frog agreed, so they began to race__ .
5. Halfway up the mountain, the hare saw the tortoise was far behind.	5. Halfway __up the mountain, the frog saw the snail was far behind__ .
6. So, he decided to stop and take a nap.	6. So, __he decided to stop and take a nap__ .
7. The tortoise kept going slowly but steadily.	7. The __snail kept going slowly but steadily__ .
8. Soon, the tortoise passed the sleeping hare.	8. Unfortunately, he __fell__ down right before the __frog__ .
9. When the hare woke up, it was too late.	9. The __frog__ went back and __helped__ the __snail__ up.
10. At the end, the tortoise won the race.	10. At the end, they __crossed__ the __finish__ line __together__ .

63p

★ 정답 ★

Unit 13

👦 본문의 내용을 읽고 질문에 대한 답을 써 보세요.

01 이야기의 등장인물들은 누구인가요?
등장인물 a __fox__ (여우)

02 이야기의 장소는 어디인가요?
장소 an __orchard__ (과수원)

03 무슨 일이 일어났나요?
사건 1. 포도는 과즙이 많아 보였지만 나무가 너무 높았습니다.
The grapes looked so __juicy__, but the vine was too __high__.

2. 여우는 계속 노력했지만 매번 실패했습니다.
The fox continued to __try__ but he __failed__ every time.

3. 그는 지치기 시작했고 심지어 화가 나기 시작했습니다.
He started to feel __exhausted__ and even __angry__.

4. 여우는 말했습니다. "저 포도들은 어차피 시큼해 보여."
The fox __said__, "Those grapes look __sour__ anyway."

04 결국 어떻게 되었나요?
결말 결국, 배고픈 여우는 포기하고 떠나 버렸습니다.
Eventually, the hungry fox __gave__ __up__ and walked away.

65p

🦊 등장인물과 장소를 바꿔 새로운 이야기의 줄거리를 만들어 보세요.

원래 이야기		새로운 이야기
· 등장인물	a fox (여우)	a deer (사슴)
· 장소	an orchard (과수원)	a field (들판)

01 새로운 이야기의 등장인물을 써 보세요.
등장인물 a __deer__ (사슴)

02 새로운 이야기의 장소를 써 보세요.
장소 a __field__ (들판)

03 새로운 이야기의 사건을 잘 읽고, 빈칸에 알맞은 단어를 써 보세요.
사건 1. 포도는 과즙이 많아 보였지만 나무가 너무 높았습니다.
The grapes __looked__ so juicy, but the __vine__ was too high.

2. 사슴은 계속 노력했지만 매번 실패했습니다.
The __deer__ continued to __try__ but he failed __every__ time.

3. 그래서 사슴은 나뭇가지들(branches)로 그 긴 막대기(long stick)를 만들었습니다.
So, the __deer__ made a long stick with some branches.

4. 그는 긴 막대기(long stick)로 포도를 땄습니다(picked).
He picked the __grapes__ with the long stick.

04 새로운 이야기의 결말을 잘 읽고, 빈칸에 알맞은 단어를 써 보세요.
결말 마침내, 사슴은 신이 나서(excitedly) 포도를 먹었습니다.
Finally, the __deer__ excitedly ate the grapes.

66p

👦 '새로운 이야기 쓰기 준비'에서 작성한 줄거리를 활용하여 이야기를 새로 써 보세요.
(검정 글씨는 그대로 쓰고, 질을 그은 표현만 바꿔 쓰요)

원래 이야기	새로운 이야기
1. Long ago, a fox was walking through an orchard.	1. Long ago, a __deer__ was walking through a field
2. The fox was very thirsty and hungry.	2. The __deer__ was very thirsty and hungry
3. While searching for food, he found a bunch of grapes on a vine!	3. While __searching for food,__ he found a bunch of grapes on a vine !
4. The grapes looked so juicy, but the vine was too high.	4. The __grapes__ looked so juicy, but the vine was too high
5. The fox jumped hard.	5. The __deer__ jumped hard
6. But he couldn't reach the grapes.	6. But __he couldn't reach the grapes__
7. The fox continued to try but he failed every time.	7. The __deer__ continued to try but he failed every time
8. He started to feel exhausted and even angry.	8. So, the __deer__ made a long stick __with some__ branches
9. The fox said, "Those grapes look sour anyway."	9. He __picked__ the grapes with the long __stick.__
10. Eventually, the hungry fox gave up and walked away.	10. Finally, the __deer__ excitedly ate the grapes

67p

Unit 14

👦 본문의 내용을 읽고 질문에 대한 답을 써 보세요.

01 이야기의 등장인물들은 누구인가요?
등장인물 a __shepherd__ boy, __villagers__, a __wolf__, and __lambs__
(양치기 소년, 마을 사람들, 늑대, 아기 양들)

02 이야기의 장소는 어디인가요?
장소 a __village__ (마을)

03 무슨 일이 일어났나요?
사건 1. 소년은 말했습니다. "늑대는 없어요. 죄송해요!"
The boy said, "There's no __wolf__! Sorry!"

2. 마을 사람들은 화가 나서 집으로 돌아갔습니다.
The __villagers__ returned to their homes __upset__.

3. 다음 날, 소년은 아기 양들 근처에 있는 진짜 늑대를 보았습니다.
The next day, the boy saw a __real__ wolf __near__ the lambs.

4. 그가 여러 번 소리쳤음에도 불구하고 아무도 도와주러 오지 않았습니다.
Even though he cried out __many__ __times__, no one came to __help__.

04 결국 어떻게 되었나요?
결말 결국, 늑대는 소년의 아기 양들 중 한 마리를 잡아갔습니다.
At the end, the __wolf__ took one of the boy's __lambs__ away.

69p

🦊 등장인물과 장소를 바꿔 새로운 이야기의 줄거리를 만들어 보세요.

원래 이야기		새로운 이야기
· 등장인물 1	a shepherd boy (양치기 소년)	a rooster (수탉)
· 등장인물 2	the villagers (마을 사람들)	the other roosters (다른 수탉들)
· 등장인물 3	a wolf (늑대)	a fox (여우)
· 등장인물 4	lambs (아기 양들)	chicks (병아리들)
· 장소	a village (마을)	a farm (농장)

01 새로운 이야기의 등장인물을 써 보세요.
등장인물 a __rooster__, the other __roosters__, a __fox__, and __chicks__
(수탉, 다른 수탉들, 여우, 병아리들)

02 새로운 이야기의 장소를 써 보세요.
장소 a __farm__ (농장)

03 새로운 이야기의 사건을 잘 읽고, 빈칸에 알맞은 단어를 써 보세요.
사건 1. 수탉은 말했습니다. "여우는 없어요! 죄송해요!"
The __rooster__ said, "There's no __fox__! Sorry!"

2. 다른 수탉들은 화가 났지만 방심하지(let the guards down) 않았습니다.
The other __roosters__ were __upset__ but they didn't let the guards down.

3. 다음 날, 수탉은 병아리들 근처에 있는 진짜 여우를 보았습니다.
The next day, the __rooster__ saw a real fox near the __chicks__.

4. 다른 수탉들이 여우를 보고, 그를 공격했습니다(attacked).
The other __roosters__ saw the __fox__ and attacked him.

04 새로운 이야기의 결말을 잘 읽고, 빈칸에 알맞은 단어를 써 보세요.
결말 결국, 여우는 도망갔습니다.
At the end, the __fox__ ran away.

70p

👦 '새로운 이야기 쓰기 준비'에서 작성한 줄거리를 활용하여 이야기를 새로 써 보세요.
(검정 글씨는 그대로 쓰고, 질을 그은 표현만 바꿔 쓰요)

원래 이야기	새로운 이야기
1. There was a shepherd boy who lived in a small village.	1. There __was a rooster__ who lived __on a small__ __farm__
2. His job was to watch the lambs.	2. His job __was to watch the chicks__
3. One day, he was so bored that he shouted "Look, there is a wolf!"	3. One day, __he was so bored__ that he shouted "Look, there is a fox!"
4. All of the villagers came running and asked, "Where is the wolf?"	4. All of __the other roosters__ came running and asked, "Where is the fox?"
5. The boy said, "There's no wolf! Sorry!"	5. The __rooster__ said, "There's no fox! Sorry!"
6. The villagers returned to their homes upset.	6. The other __roosters__ were upset but they didn't let their __guards__ down
7. The next day, the boy saw a real wolf near the lambs.	7. The next day, __the rooster saw__ a real fox near the chicks
8. The shepherd boy screamed, "There's a wolf! Help!"	8. The __rooster__ screamed, "There's a fox! Help!"
9. Even though he cried out many times, no one came to help.	9. The other __roosters__ saw the fox and __attacked__ him
10. At the end, the wolf took one of the boy's lambs away.	10. At the end, the fox __ran away__

71p

8

Unit 15

🗣 본문의 내용을 읽고 질문에 대한 답을 써 보세요.

01 이야기의 등장인물들은 누구인가요?
등장인물 a __man__ and a __goose__ (남자와 거위)

02 이야기의 장소는 어디인가요?
장소 a small __town__ (작은 마을)

03 무슨 일이 일어났나요?
사건 1. 거위는 매일 아름다운 황금알을 하나씩 낳았습니다.
Every day, the __goose__ laid one beautiful __golden__ egg.
2. 그는 거위 안에 많은 알들이 들어 있을 거라고 생각했습니다.
He thought there were many eggs __inside__ the __goose__.
3. 그래서 그는 거위를 죽이고, 배를 갈랐습니다.
So he __killed__ the goose and cut it __open__.
4. "이런 일이 하나도 없잖아!"라고 남자는 소리쳤습니다.
"Oh no! There are no __eggs__!" cried the man.

04 결국 어떻게 되었나요?
결말 그는 거위와 알 둘 다 잃었습니다.
He lost both his __goose__ and the __eggs__.

73p

🗣 등장인물과 장소를 바꿔 새로운 이야기의 줄거리를 만들어 보세요.

원래 이야기	새로운 이야기
• 등장인물 1 a man (남자)	a farmer (농부)
• 등장인물 2 a goose (거위)	a hen (암탉)
• 장소 a small town (작은 마을)	a small cottage (작은 오두막집)

01 새로운 이야기의 등장인물을 써 보세요.
등장인물 a __farmer__ and a __hen__ (농부와 암탉)

02 새로운 이야기의 장소를 써 보세요.
장소 a __small cottage__ (작은 오두막집)

03 새로운 이야기의 사건을 잘 읽고, 빈칸에 알맞은 단어를 써 보세요.
사건 1. 암탉은 매일 아름다운 황금알을 하나씩 낳았습니다.
Every day, the __hen__ laid one __beautiful__ golden egg.
2. 그래서 그는 암탉에게 하루 종일(all day long) 먹이를 주었습니다.(fed)
So, he fed the __hen__ all day long.
3. 그는 암탉이 더 많이(more) 먹으면 더 많은(more) 알들을 낳을 거라고 생각했습니다.
He thought the __hen__ would lay more __eggs__ if it ate more.
4. 며칠 뒤, 암탉은 하루에 알을 세 개씩 낳기 시작했습니다.
A few days later, the __hen__ started to lay three eggs a day.

04 새로운 이야기의 결말을 잘 읽고, 빈칸에 알맞은 단어를 써 보세요.
결말 곧 농부는 세상에서 가장 부유한 남자가 되었습니다.
Soon, the __farmer__ became the richest man in the __world__.

74p

🗣 '새로운 이야기 쓰기 준비'에서 작성한 줄거리를 활용하여 이야기를 새로 써 보세요.
(검정 글씨는 그대로 쓰고, 밑줄 그은 표현만 바꿔 쓰요.)

원래 이야기	새로운 이야기
1. In a small town, there lived a man with a special goose.	1. In a small __cottage__, there lived a farmer with a special hen.
2. Every day, the goose laid one beautiful golden egg.	2. Every day, __the__ hen laid one beautiful golden egg.
3. The man sold the eggs and made a lot of money.	3. The __farmer__ sold the eggs and made a lot of money.
4. However, he wanted to be the richest man in the world.	4. However, __he__ wanted to be the richest man in the world.
5. One day he thought, 'Why does the goose only lay one egg a day?'	5. One day he thought '__Why does the hen only lay one egg a day?__'
6. He thought there were many eggs inside the goose.	6. He thought there were many eggs __inside the hen__.
7. So, he killed the goose and cut it open.	7. So, he fed the __hen__ all day long.
8. But there were no golden eggs!	8. He thought the __hen__ would lay more __eggs__ if it ate __more__.
9. "Oh no! There are no eggs!" cried the man.	9. A few days later, the __hen__ started to __lay__ __three__ __eggs__ a day.
10. He lost both his goose and the eggs.	10. Soon, the __farmer__ became the richest __man__ in the __world__.

75p

Unit 16

🗣 본문의 내용을 읽고 질문에 대한 답을 써 보세요.

01 이야기의 등장인물들은 누구인가요?
등장인물 a black __crow__ and a white __swan__ (까만 까마귀와 하얀 백조)

02 이야기의 장소는 어디인가요?
장소 a __jungle__ and a __lake__ (정글과 호수)

03 무슨 일이 일어났나요?
사건 1. "나는 하얀 백조처럼 되고 싶어." 까마귀는 말했습니다.
"I want to be like the __white__ __swan__," said the crow.
2. 그러더니 그녀는 백조가 했던 것처럼 호수 속으로 뛰어들었습니다.
Then, she __dived__ into the lake just like the __swan__ did.
3. 까마귀는 심지어 백조가 먹는 풀도 먹었습니다.
The __crow__ even ate the __plants__ the swan did.
4. 그러나 그녀의 깃털은 여전히 까맣고 그녀는 약해졌습니다.
But her __feathers__ were still __black__, and she became __weak__.

04 결국 어떻게 되었나요?
결말 결국, 그녀는 배고픈 채로 집에 돌아갔습니다.
Eventually, she __returned__ home __hungry__.

79p   Unit 16 79

🗣 등장인물과 장소를 바꿔 새로운 이야기의 줄거리를 만들어 보세요.

원래 이야기	새로운 이야기
• 등장인물 1 a black crow (까만 까마귀)	a white duck (하얀 오리)
• 등장인물 2 a white swan (하얀 백조)	a flying stork (나는 황새)
• 장소 1 a forest (숲)	a pond (연못)
• 장소 2 a lake (호수)	the sky (하늘)

01 새로운 이야기의 등장인물을 써 보세요.
등장인물 a white __duck__ and a flying __stork__ (하얀 오리와 나는 황새)

02 새로운 이야기의 장소를 써 보세요.
장소 a __pond__ and the __sky__ (연못과 하늘)

03 새로운 이야기의 사건을 잘 읽고, 빈칸에 알맞은 단어를 써 보세요.
사건 1. "나는 날고 있는 황새(flying stork)처럼 되고 싶어"라고 오리는 말했습니다.
"I __want__ to be like the flying stork," said the __duck__.
2. 그러더니 그녀는 황새가 했던 것처럼 날개를 파닥거렸습니다.(flapped)
Then, she flapped her wings just like the __stork__ did.
3. 오리는 심지어 하늘을 나는 꿈도 꾸었습니다.(dreamed of)
The __duck__ even dreamed of flying in the sky.
4. 마침내, 오리는 하늘을 날 수 있었습니다.
Eventually, the __duck__ could fly in the sky.

04 새로운 이야기의 결말을 잘 읽고, 빈칸에 알맞은 단어를 써 보세요.
결말 그래서 그녀는 황새와 함께(with) 하늘을 날아다니며 하루 종일(all day) 시간을 보냈습니다.(spent)
So, she spent all day flying in the sky with the __stork__.

80p

🗣 '새로운 이야기 쓰기 준비'에서 작성한 줄거리를 활용하여 이야기를 새로 써 보세요.
(검정 글씨는 그대로 쓰고, 밑줄 그은 표현만 바꿔 쓰요.)

원래 이야기	새로운 이야기
1. Once there lived a black crow in a jungle.	1. Once __there lived a white duck in a pond__.
2. One day, she saw a swan swimming in a lake.	2. One day, she saw a __stork__ flying in the __sky__.
3. "I want to be like the white swan," said the crow.	3. "I want to be like the flying __stork__," said the __duck__.
4. From that day, she copied the swan.	4. From __that day__, she copied the stork.
5. She left her home and started to live like the swan.	5. She __left__ her home and started to live like the stork.
6. The crow said to herself, "I will do everything the swan does all day long!"	6. The __duck__ said to herself, "I will do everything the stork does all day long!"
7. Then, she dived into the lake just like the swan did.	7. Then, she __flapped__ her wings just like the __stork__ did.
8. The crow even ate the plants the swan did.	8. The __duck__ even dreamed of flying in the sky.
9. But her feathers were still black, and she became weak.	9. Eventually, the __duck__ could fly in the __sky__.
10. Eventually, she returned home hungry.	10. So, she __spent__ all day flying in the sky with the __stork__.

81p

Unit 17

본문의 내용을 읽고 질문에 대한 답을 써 보세요.

01 등장인물 이야기의 등장인물들은 누구인가요?
a hungry __wolf__ , a __mother__ , and a crying baby
(배고픈 늑대, 엄마와 우는 아이)

02 장소 이야기의 장소는 어디인가요?
a small __cottage__ (작은 오두막)

03 사건 무슨 일이 일어났나요?
1. 그날 밤, 늑대는 엄마의 말을 또 들었습니다. "늑대는 널 잡지 못할 거야!"
That night, the __wolf__ heard the __mother__ again, "The wolf won't get you!"
2. 그는 주의 깊게 듣기 위해 더 가까이 갔습니다.
He moved __closer__ to listen __carefully__ .
3. 그녀는 말했습니다. "그래 그렇지, 만약 늑대가 온다면, 아빠가 널 보호해 줄 거야!"
She said, "There you go. If the __wolf__ comes, daddy will __protect__ you!"
4. 때마침, 아빠가 그의 개들과 함께 집에 왔습니다.
Just then, the __father__ came home with his __dogs__ .

04 감정 결국 어떻게 되었나요?
겁먹은 늑대는 도망갔습니다.
The __frightened__ wolf __ran__ __away__ .

83p

동장인물과 장소를 바꿔 새로운 이야기의 줄거리를 만들어 보세요.

원래 이야기		새로운 이야기
· 등장인물 1 a wolf (늑대)	→	a cat (고양이)
· 등장인물 2 a mother (엄마)		a mother mouse (엄마 쥐)
· 등장인물 3 a crying baby (우는 아이)		a baby mouse (아기 쥐)
· 장소 a small cottage (작은 오두막)		a small cave (작은 동굴)

01 등장인물 새로운 이야기의 등장인물을 써 보세요.
a __cat__ , a mother __mouse__ , and a baby __mouse__
(고양이, 엄마 쥐, 아기 쥐)

02 장소 새로운 이야기의 장소를 써 보세요.
a small __cave__ (작은 동굴)

03 사건 새로운 이야기의 사건을 잘 읽고, 빈칸에 알맞은 단어를 써 보세요.
1. 그날 밤, 고양이는 엄마 쥐의 말을 다시 들었습니다. "고양이는 널 잡지 못할 거야"
That night, the __cat__ heard the mother again, "The __cat__ won't get you!"
2. 그녀(엄마 쥐)가 말했습니다. "그래 그렇지, 만약 고양이가 오면 내가 널 보호해 줄 거야!"
She said, "There you go. If the __cat__ comes, I will protect you!"
3. 고양이는 웃었고(laughed), 동굴로 걸어 들어갔습니다(walked into).
The __cat__ laughed and walked into the __cave__ .
4. 그때 엄마 쥐가 고양이를 공격했습니다(attacked).
Just then, the mother __mouse__ attacked the __cat__ .

04 감정 새로운 이야기의 결말을 잘 읽고, 빈칸에 알맞은 단어를 써 보세요.
엄마 쥐는 아기 쥐를 구했습니다(saved).
The mother __mouse__ saved the baby __mouse__ .

84p

'새로운 이야기 쓰기 준비'에서 작성한 줄거리를 활용하여 이야기를 새로 써 보세요.
(감정 글씨는 그대로 쓰고, 밑줄 그은 표현만 바꿔 써요.)

원래 이야기	새로운 이야기
1. One day, a hungry _wolf_ came across a small _cottage_.	1. One day, a hungry __cat__ came across a small __cave__ .
2. A crying _baby_ and his mother were inside.	2. A crying __baby mouse__ and his mother were inside.
3. The mother said, "Stop crying, or I will feed you to the _wolves_!"	3. The __mother__ said, "Stop crying, or I will feed you to the cats!"
4. The _wolf_ heard the mother and waited for the _child_.	4. The __cat__ heard the mother and waited for the baby mouse .
5. He waited all day long, but nobody came out.	5. He __waited__ all day long, but nobody came out .
6. That night, the _wolf_ heard the mother again, "The _wolf_ won't get you!"	6. That night, the cat heard the mother again, "The cat won't get you!"
7. _He moved closer to listen carefully._	7. She said, "There you go. If the cat comes, I will __protect__ you!"
8. _She said, "There you go. If the wolf comes, daddy will protect you!"_	8. The cat laughed and __walked__ into the __cave__ .
9. _Just then, the father came home with his dogs._	9. Just then, the mother mouse attacked the __cat__ .
10. _The frightened wolf ran away._	10. The mother mouse __saved__ the baby __mouse__ .

85p

Unit 18

본문의 내용을 읽고 질문에 대한 답을 써 보세요.

01 등장인물 이야기의 등장인물들은 누구인가요?
the __ants__ and a __grasshopper__ (개미들과 베짱이)

02 장소 이야기의 장소는 어디인가요?
the __backyard__ (뒷마당)

03 사건 무슨 일이 일어났나요?
1. 베짱이가 대답했습니다. "난 음악을 만드느라 너무 바빴어!"
The __grasshopper__ replied, "I was so __busy__ making __music__ !"
2. 그는 개미들에게 물었습니다. "제발 내게 음식을 줄 수 있겠니?"
He asked the __ants__ , "Will you please __give__ me some food?"
3. 개미들은 거절했습니다.
The ants __refused__ .
4. 그들은 그들이 열심히 일해서 모은 음식을 나눠 주고 싶지 않았습니다.
They didn't want to __share__ the food they worked __hard__ for.

04 감정 결국 어떻게 되었나요?
그래서 베짱이는 음식을 하나도 얻지 못하고 떠나야 했습니다.
So, the __grasshopper__ had to leave without any __food__ .

Unit 18 87

87p

동장인물과 장소를 바꿔 새로운 이야기의 줄거리를 만들어 보세요.

원래 이야기		새로운 이야기
· 등장인물 1 ants (개미들)	→	squirrels (다람쥐들)
· 등장인물 2 a grasshopper (베짱이)		a fox (여우)
· 장소 the backyard (뒷마당)		the field (들판)

01 등장인물 새로운 이야기의 등장인물을 써 보세요.
__squirrels__ and a __fox__ (다람쥐들과 여우)

02 장소 새로운 이야기의 장소를 써 보세요.
the __field__ (들판)

03 사건 새로운 이야기의 사건을 잘 읽고, 빈칸에 알맞은 단어를 써 보세요.
1. 여우가 대답했습니다. "난 음악을 만드느라 너무 바빴어!"
The __fox__ replied, "I was so busy making __music__ !"
2. 여우는 말했습니다. "하지만 나는 지금(now) 그것을 후회해(regret), 내게 음식을 줄 수 있겠니?"
The __fox__ said, "But I regret it now. Will you give me some __food__ ?"
3. 다람쥐들은 여우를 불쌍히 여겼습니다(felt pity).
The __squirrels__ felt pity for the __fox__ .
4. 그래서 그들은 여우와 음식을 나누었습니다.
So, they shared their food with the __fox__ .

04 감정 새로운 이야기의 결말을 잘 읽고, 빈칸에 알맞은 단어를 써 보세요.
마침내, 여우는 다람쥐들에게 고마워했습니다(grateful).
At the end, the __fox__ was grateful to the __squirrels__ .

88p

'새로운 이야기 쓰기 준비'에서 작성한 줄거리를 활용하여 이야기를 새로 써 보세요.
(감정 글씨는 그대로 쓰고, 밑줄 그은 표현만 바꿔 써요.)

원래 이야기	새로운 이야기
1. One autumn day, the _ants_ were drying their grain in the _backyard_.	1. One autumn day, __the squirrels__ __were drying their grain__ __in the field__ .
2. They have saved the grain during the summer.	2. They __have saved the grain__ __during the summer__ .
3. Soon after, a hungry _grasshopper_ approached the _ants_.	3. Soon after, __a hungry fox__ __approached the squirrels__ .
4. Then he begged for some food.	4. Then __he begged for some food__ .
5. The _ants_ asked, "What were you doing all summer long?"	5. The __squirrels__ asked, " __What__ __were you doing all summer long__ ?"
6. The _grasshopper_ replied, "I was so busy making music!"	6. The __fox__ replied, " __I was so busy making music__ !"
7. _He asked the ants, "Will you please give me some food?"_	7. The __fox__ said, "But I __regret__ it now. Will you __give__ me some __food__ ?"
8. _The ants refused._	8. The __squirrels__ felt pity __for__ the __fox__ .
9. _They didn't want to share the food they worked hard for._	9. So, they __shared__ their __food__ with the __fox__ .
10. _So, the grasshopper had to leave without any food._	10. At the end, the __fox__ was __grateful__ to the __squirrels__ .

89p

Unit 19

본문의 내용을 읽고 질문에 대한 답을 써 보세요.

01 이야기의 등장인물들은 누구인가요?
등장인물 a __monkey__ , __animals__ , and a __camel__ (원숭이, 동물들, 낙타)

02 이야기의 장소는 어디인가요?
장소 a __forest__ (숲)

03 무슨 일이 일어났나요?
사건
1. 낙타는 자신이 원숭이처럼 춤을 출 수 있다고 생각했습니다.
The camel __thought__ he could dance __like__ the monkey.
2. 그래서 그는 춤을 추기 시작했습니다.
So, he started to __dance__ .
3. 그러나 낙타는 자신을 우스꽝스럽게 만들었습니다.
But the camel __made__ himself look __ridiculous__ .
4. 그는 다리를 걷어차고 그의 긴 목을 비틀었습니다.
He __kicked__ his legs and __twisted__ his long neck.

04 결국 어떻게 되었나요?
결말 그래서 동물들은 모두 모여 낙타를 쫓아냈습니다.
So, the __animals__ all gathered and drove the __camel__ away.

91p

Unit 19 91

동장인물과 장소를 바꿔 새로운 이야기의 줄거리를 만들어 보세요.

원래 이야기
- 등장인물 1: a monkey (원숭이)
- 등장인물 2: animals (동물들)
- 등장인물 3: a camel (낙타)
- 장소: a forest (숲)

→

새로운 이야기
- a peacock (공작새)
- a hen (암탉)
- a village (마을)

01 새로운 이야기의 동장인물을 써 보세요.
등장인물 a __peacock__ , __animals__ , and a __hen__ (공작새, 동물들과 암탉)

02 새로운 이야기의 장소를 써 보세요.
장소 a __village__ (마을)

03 새로운 이야기의 사건을 잘 읽고, 빈칸에 알맞은 단어를 써 보세요.
사건
1. 암탉은 자신이 공작새처럼 춤을 출 수 있다고 생각했습니다.
The __hen__ thought she could __dance__ like the __peacock__ .
2. 그래서 그녀는 춤을 추기 시작했습니다.
So, she __started__ to dance.
3. 암탉은 그녀의 움직임(moves)을 자랑(show off)하려고 노력했습니다.
The __hen__ tried to show off her moves.
4. 암탉은 공작새보다 훨씬(much) 춤을 잘(better) 췄습니다.
The __hen__ danced much better than the __peacock__ .

04 새로운 이야기의 결말을 잘 읽고, 빈칸에 알맞은 단어를 써 보세요.
결말 그래서 동물들은 그녀(암탉)의 춤을 보고서는 신이 났습니다.
So, the __animals__ were excited to see her __dance__ .

92p

'새로운 이야기 쓰기 준비'에서 작성한 줄거리를 활용하여 이야기를 새로 써 보세요.
(검정 글씨는 그대로 쓰고, 밑줄 그은 표현만 바꿔 써요.)

원래 이야기	새로운 이야기
1. All of the animals in a forest came together for the lion king's party.	1. All __of__ the animals in a village __came together__ __for the lion king's party__ .
2. One of the animals asked the monkey, "Would you dance for us?"	2. One of the animals asked the __peacock__ , "__Would you dance for us__ ?"
3. The monkey said, "Of course. I can dance for you!"	3. The __peacock__ said, "__Of course.__ __I can dance for you__ ."
4. Everybody was very pleased with his dance.	4. Everybody __was very pleased__ with her __dance__ .
5. But the camel was envious of the monkey.	5. But the __hen__ was envious of __the peacock__ .
6. The camel thought he could dance like the monkey.	6. The __hen__ thought __she could dance like the peacock__ .
7. So, he started to dance.	7. So, she __started to dance__ .
8. But the camel made himself look ridiculous.	8. The __hen__ tried to __show__ off her __moves__ .
9. He kicked his legs and twisted his long neck.	9. The hen __danced__ much __better__ than the __peacock__ .
10. So, the animals all gathered and drove the camel away.	10. So, the __animals__ were __excited__ to see her __dance__ .

93p

Unit 20

본문의 내용을 읽고 질문에 대한 답을 써 보세요.

01 이야기의 동장인물들은 누구인가요?
등장인물 a __lion__ , a __mouse__ and a __hunter__ (사자, 생쥐, 사냥꾼)

02 이야기의 장소는 어디인가요?
장소 a __forest__ (숲)

03 무슨 일이 일어났나요?
사건
1. 사자는 의심스러웠지만 쥐를 풀어 주었습니다.
The lion was __doubtful__ but he __let__ the mouse go.
2. 며칠 후, 사자는 사냥꾼의 그물에 잡혔습니다.
A few days later, the lion was __caught__ on a hunter's __net__ .
3. 쥐는 이것을 보았고 사자에게 재빨리 달려갔습니다.
The __mouse__ saw this and __quickly__ ran to the lion.
4. 쥐는 모든 밧줄을 물어서 잘랐습니다.
The mouse __bit__ __off__ all of the ropes.

04 결국 어떻게 되었나요?
결말 마침내, 쥐는 사자를 구했습니다.
Finally, the mouse __saved__ the __lion__ .

95p

Unit 20 95

동장인물과 장소를 바꿔 새로운 이야기의 줄거리를 만들어 보세요.

원래 이야기
- 등장인물 1: a lion (사자)
- 등장인물 2: a mouse (생쥐)
- 등장인물 3: a hunter (사냥꾼)
- 장소: a forest (숲)

→

새로운 이야기
- a wolf (늑대)
- a cat (고양이)
- a hunter (사냥꾼)
- a village (마을)

01 새로운 이야기의 동장인물을 써 보세요.
등장인물 a __wolf__ , a __cat__ and a __hunter__ (늑대, 고양이, 사냥꾼)

02 새로운 이야기의 장소를 써 보세요.
장소 a __village__ (마을)

03 새로운 이야기의 사건을 잘 읽고, 빈칸에 알맞은 단어를 써 보세요.
사건
1. 늑대는 의심스러웠지만 고양이를 풀어 주었습니다.
The __wolf__ was doubtful but he let the __cat__ go.
2. 며칠 후, 늑대는 사냥꾼의 그물에 잡혔습니다.
A few days later, the __wolf__ was caught on a __hunter__ 's net.
3. 고양이는 이것을 보았습니다.
The __cat__ saw this.
4. 하지만 고양이는 사냥꾼이 너무 무서워(was scared of) 달아났습니다(ran away).
But the __cat__ was so scared of the hunter that it ran away.

04 새로운 이야기의 결말을 잘 읽고, 빈칸에 알맞은 단어를 써 보세요.
결말 그래서 늑대는 사냥꾼에게 잡혔습니다.
So, the __wolf__ was caught by the __hunter__ .

96p

'새로운 이야기 쓰기 준비'에서 작성한 줄거리를 활용하여 이야기를 새로 써 보세요.
(검정 글씨는 그대로 쓰고, 밑줄 그은 표현만 바꿔 써요.)

원래 이야기	새로운 이야기
1. One day, a lion was sleeping in a forest.	1. One day, __a wolf was sleeping__ __in a village__ .
2. A little mouse tiptoed around the lion's nose.	2. A little __cat__ tiptoed __around the wolf's nose__ .
3. But mouse woke up the lion.	3. But __the cat__ woke up the wolf __.__
4. The angry lion tried to catch the mouse.	4. The __angry wolf tried__ __to catch the cat__ .
5. The scared mouse said, "Please let me go. Someday I will repay you."	5. The __scared cat__ said, "__Please let me go.__ __Someday I will repay you__ ."
6. The lion was doubtful but he let the mouse go.	6. The __wolf__ was doubtful __but he let the cat go__ .
7. A few days later, the lion was caught on a hunter's net.	7. A few days later, __the wolf was__ __caught on a hunter's net__ .
8. The mouse saw this and quickly ran to the lion.	8. The __cat__ saw __this__ .
9. But the mouse bit off all of the ropes.	9. But the __cat__ was so scared of the __hunter__ that he __ran__ away __.__
10. Finally, the mouse saved the lion.	10. So, the __wolf__ was __caught__ by the __hunter__ .

97p

Unit 21

😊 본문의 내용을 읽고 질문에 대한 답을 써 보세요.

01 이야기의 등장인물들은 누구인가요?
등장인물 a __fisherman__ and a __fish__ (어부와 물고기)

02 이야기의 장소는 어디인가요?
장소 the __sea__ (바다)

03 무슨 일이 일어났나요?
사건 1. 물고기는 덧붙였습니다. "제가 더 커졌을 때, 그때 저를 잡으면 돼요."
The fish added, "When I'm __bigger__, you could __catch__ me then."

2. 그러나 어부가 말했습니다. "내가 너를 놓아 준다면 난 어리석은 거겠지."
But the __fisherman__ said, "I would be a __fool__ to let you __go__."

3. 그는 덧붙였습니다. "네가 아주 작음에도 불구하고, 아무것도 없는 것보다는 낫지."
He added, "Even though you are __tiny__, you are better than __nothing__."

4. 그러더니 그는 아주 작은 물고기를 그의 바구니에 넣었습니다.
Then he put the __tiny__ fish into his __basket__.

04 결국 어떻게 되었나요?
결말 그는 행복하게 집으로 돌아갔습니다.
He __happily__ returned home.

😊 등장인물과 장소를 바꿔 새로운 이야기의 줄거리를 만들어 보세요.

원래 이야기		새로운 이야기
등장인물 1 a fisherman (어부)	→	a hunter (사냥꾼)
등장인물 2 a fish (물고기)		a bird (새)
장소 the sea (바다)		the forest (숲)

01 새로운 이야기의 등장인물을 써 보세요.
등장인물 a __hunter__ and a __bird__ (사냥꾼과 새)

02 새로운 이야기의 장소를 써 보세요.
장소 the __forest__ (숲)

03 새로운 이야기의 사건을 잘 읽고, 빈칸에 알맞은 단어를 써 보세요.
사건 1. 새가 덧붙였습니다. "제가 더 커졌을 때, 그때 저를 잡으면 돼요."
The __bird__ added, "When I'm __bigger__, you could catch me __then__."

2. 사냥꾼이 말했습니다. "그래, 난 널 믿어(believe)."
The __hunter__ said, "Okay, I believe you."

3. 그는 덧붙였습니다. "약속을 꼭 지키렴(keep your word)."
He __added__, "Please keep your word."

4. 그러더니 사냥꾼은 새를 놓아 주었습니다.
Then the __hunter__ let the __bird__ go.

04 새로운 이야기의 결말을 잘 읽고, 빈칸에 알맞은 단어를 써 보세요.
결말 그는 행복하게 집으로 돌아갔습니다.
He happily __returned__ home.

😊 '새로운 이야기 쓰기 준비'에서 작성한 줄거리를 활용하여 이야기를 새로 써 보세요.
(검정 글씨는 그대로 쓰고, 밑줄 친 표현만 바꿔 쓰요.)

원래 이야기	새로운 이야기
1. Once there lived a poor fisherman.	1. Once __there lived a poor hunter__.
2. The fisherman lived on the fish he caught.	2. The __hunter__ lived on __the birds he caught__.
3. One day, he caught a tiny fish in the sea.	3. One day, __he caught a tiny bird in the forest__.
4. He was about to put it into his basket.	4. He was about to __put__ it into his __cage__.
5. The fish said, "Please let me go. I'm too tiny."	5. The bird said, "__Please let me go. I'm too tiny__."
6. The fish added, "When I'm bigger, you could catch me then."	6. The __bird__ added, "__When I'm bigger, you could catch me then__."
7. But the fisherman said, "I would be a fool to let you go."	7. The __hunter__ said, "Okay, I believe you."
8. He added, "Even though you are tiny, you are better than nothing."	8. He added, "Please __keep__ your __word__."
9. Then he put the tiny fish into his basket.	9. Then the __hunter__ let the __bird__ go.
10. He happily returned home.	10. He happily __returned__ home.

Unit 22

😊 본문의 내용을 읽고 질문에 대한 답을 써 보세요.

01 이야기의 등장인물들은 누구인가요?
등장인물 a __fox__ and a __goat__ (여우와 염소)

02 이야기의 장소는 어디인가요?
장소 a __well__ (우물)

03 무슨 일이 일어났나요?
사건 1. 그래서 염소는 뛰어들어 물을 마셨습니다.
So, the goat __jumped__ in and __drank__ the water.

2. 여우는 재빨리 염소 등에 올라 우물에서 나왔습니다.
The fox __quickly__ jumped on the goat's __back__ and got out of the well.

3. 염소는 애원했습니다. "제발 나도 나갈 수 있게 도와줘." 하지만 여우는 도와주지 않았습니다.
The goat __begged__, "Please help me __get__ __out__ too," but the fox didn't.

4. 여우가 말했습니다. "뛰어들기 전에 나가는 방법을 생각했어야지."
The fox said, "You should have __thought__ of a way out __before__ you jumped in!"

04 결국 어떻게 되었나요?
결말 그러더니 여우는 숲속으로 떠나 버렸습니다.
Then the fox __walked__ away into the __forest__.

😊 등장인물과 장소를 바꿔 새로운 이야기의 줄거리를 만들어 보세요.

원래 이야기		새로운 이야기
등장인물 1 a fox (여우)	→	a monkey (원숭이)
등장인물 2 a goat (염소)		a sheep (양)
장소 a well (우물)		a lake (호수)

01 새로운 이야기의 등장인물을 써 보세요.
등장인물 a __monkey__ and a __sheep__ (원숭이와 양)

02 새로운 이야기의 장소를 써 보세요.
장소 a __lake__ (호수)

03 새로운 이야기의 사건을 잘 읽고, 빈칸에 알맞은 단어를 써 보세요.
사건 1. 그래서 양은 뛰어들어 물을 마셨습니다.
So, the __sheep__ jumped in and drank the __water__.

2. 원숭이는 재빨리 양의 등에 올라 호수에서 나왔습니다.
The __monkey__ quickly jumped on the __sheep__'s back and got out of the __lake__.

3. 양은 애원했습니다. "제발 나도 나갈 수 있게 도와줘."
The sheep __begged__, "Please __help__ me get out too."

4. 원숭이는 양을 불쌍히 여겼습니다(felt pity).
The __monkey__ felt pity for the __sheep__.

04 새로운 이야기의 결말을 잘 읽고, 빈칸에 알맞은 단어를 써 보세요.
결말 그래서 원숭이는 양을 구해 주었습니다(saved).
So, the __monkey__ saved the __sheep__.

😊 '새로운 이야기 쓰기 준비'에서 작성한 줄거리를 활용하여 이야기를 새로 써 보세요.
(검정 글씨는 그대로 쓰고, 밑줄 친 표현만 바꿔 쓰요.)

원래 이야기	새로운 이야기
1. One day, a fox fell into a well in a deep forest.	1. One day, __a monkey fell into a lake in a deep forest__.
2. The fox tried to get out of the well, but he couldn't.	2. The __monkey__ tried to get out of __the lake, but he couldn't__.
3. A few minutes later, a goat came by to drink some water.	3. A few minutes later, __a sheep came by to drink some water__.
4. The goat asked, "How is the water? Is it good?"	4. The __sheep__ asked, "__How is the water? Is it good__?"
5. The fox said, "It's the best water in the world!"	5. The __monkey__ said, "__It's the best water in the world__!"
6. So, the goat jumped in and drank the water.	6. So, __the sheep jumped in and drank the water__.
7. The fox quickly jumped on the goat's back and got out of the well.	7. The __monkey quickly jumped on the sheep's back and got out of the lake__.
8. The goat begged, "Please help me get out too," but the fox didn't.	8. The __sheep__ begged, "Please __help__ me __get__ out too."
9. The fox said, "You should have thought of a way out before you jumped in."	9. The __monkey__ felt __pity__ for the __sheep__.
10. Then the fox walked away into the forest.	10. So, the __monkey__ saved the sheep.

Unit 23

본문의 내용을 읽고 질문에 대한 답을 써 보세요.

01 이야기의 등장인물들은 누구인가요?
등장인물
an old __lion__ and a __fox__ (늙은 사자와 여우)

02 이야기의 장소는 어디인가요?
장소
a dark __cave__ (동굴)

03 무슨 일이 일어났나요?
사건
1. 많은 동물들은 가여운 사자를 방문하러 왔습니다.
Lots of animals came to __visit__ the __poor__ lion.

2. 그들이 동굴로 들어가자, 사자는 그들을 한 마리씩 먹었습니다.
As they entered the __cave__, the lion ate them one by __one__.

3. 하지만 그(여우)는 동굴 안으로 들어가는 것은 거부했습니다.
But he __refused__ to go __inside__ the cave.

4. 여우는 말했습니다. "당신의 동굴로 들어가는 많은 발자국이 보이지만, 동굴 밖으로 나온 발자국은 보이지 않아요."
The fox said, "I __see__ many __footprints__ going into your cave but __none__ coming out."

04 결국 어떻게 되었나요?
결말
똑똑한 여우는 안에 들어가지 않고 집으로 돌아갔습니다.
The __clever__ fox didn't go inside and __headed__ back home.

109p · Unit 23 109

등장인물과 장소를 바꿔 새로운 이야기의 줄거리를 만들어 보세요.

원래 이야기	새로운 이야기
· 등장인물 1 an old lion (늙은 사자)	an old cheetah (늙은 치타)
· 등장인물 2 a fox (여우)	a monkey (원숭이)
· 장소 a dark cave (어두운 동굴)	a dark tree house (어두운 나무 집)

01 새로운 이야기의 등장인물을 써 보세요.
등장인물
an __old__ __cheetah__ and a __monkey__ (늙은 치타와 원숭이)

02 새로운 이야기의 장소를 써 보세요.
장소
a __dark__ __tree__ __house__ (어두운 나무 집)

03 새로운 이야기의 사건을 잘 읽고, 빈칸에 알맞은 단어를 써 보세요.
사건
1. 많은 동물들은 가여운 치타를 방문하러 왔습니다.
Lots of animals came to __visit__ the poor __cheetah__.

2. 그들이 나무 집으로 들어가자, 치타는 그들을 한 마리씩 먹었습니다.
As they __entered__ the tree house, the __cheetah__ ate them one by one.

3. 처음에는(at first) 그가(원숭이가) 나무 집으로 들어가는 것을 거부했습니다.
At first, he refused to go inside the __tree__ __house__.

4. 치타는 말했습니다. "네가 안으로 들어오면(come in) 내가 너에게 바나나를 줄게."
The __cheetah__ said, "I'll give you a banana if you come in."

04 새로운 이야기의 결말을 잘 읽고, 빈칸에 알맞은 단어를 써 보세요.
결말
그래서 원숭이는 안으로 들어갔고, 치타는 그를 공격했습니다.
So, the __monkey__ went inside and the __cheetah__ attacked him.

110p

'새로운 이야기 쓰기 준비'에서 작성한 줄거리를 활용하여 이야기를 새로 써 보세요.
(검정 글씨는 그대로 쓰고, 밑줄 친 표현만 바꿔 쓰요.)

원래 이야기	새로운 이야기
1. Long ago, an old _lion_ lived alone in a dark _cave_.	1. Long ago, __an old cheetah__ __lived alone in a dark tree house__.
2. His teeth and claws were very worn out.	2. His teeth __and claws were__ __very worn out__.
3. It was difficult for him to hunt for food.	3. It __was difficult for him__ __to hunt for food__.
4. So, the _lion_ pretended to be sick.	4. So, __the cheetah__ __pretended to be sick__.
5. Lots of animals came to visit the poor _lion_.	5. Lots of __animals came__ __to visit the poor cheetah__.
6. As they entered the _cave_, the _lion_ ate them one by one.	6. As __they entered the tree house,__ __the cheetah ate them one by one__.
7. One day, a _fox_ came to see the _lion_.	7. One day, __a monkey came to see__ __the cheetah__.
8. _But he refused to go inside the cave._	8. At first, he __refused__ to go inside the __tree house__.
9. The _fox_ said, "_I see many footprints going into your cave but none coming out._"	9. The __cheetah__ said, "I'll __give__ you a banana if you __come__ in."
10. _The clever fox didn't go inside and headed back home._	10. So, the __monkey__ went inside and the __cheetah attacked him__.

111p

Unit 24

본문의 내용을 읽고 질문에 대한 답을 써 보세요.

01 이야기의 등장인물들은 누구인가요?
등장인물
a __heron__ and a small __perch__ (왜가리와 작은 민물고기)

02 이야기의 장소는 어디인가요?
장소
a __stream__ (개울)

03 무슨 일이 일어났나요?
사건
1. 그가 얕은 물을 걷고 있을 때, 작은 민물고기 한 마리가 가까운 곳에 왔습니다.
As he walked the __shallow__ waters, a small perch came __nearby__.

2. 왜가리가 말했습니다. "민물고기는 충분히 크지 않아!"
The heron said, "A __perch__ is not big __enough__!"

3. 그는 다른 것을 찾기 시작했습니다.
He started to __look__ for something else.

4. 하지만 왜가리는 그의 가까이에 물고기들이 더 이상 없다는 걸 깨달았습니다.
But the heron __realized__ there were no more __fish__ near him.

04 결국 어떻게 되었나요?
결말
그래서 물고기 대신 왜가리는 아주 작은 달팽이를 먹어야만 했습니다.
So __instead__ of fish, the heron had to have a tiny __snail__.

113p · Unit 24 113

등장인물과 장소를 바꿔 새로운 이야기의 줄거리를 만들어 보세요.

원래 이야기	새로운 이야기
· 등장인물 1 a heron (왜가리)	an eagle (독수리)
· 등장인물 2 a small perch (작은 민물고기)	a small perch (작은 민물고기)
· 장소 a stream (개울)	a river (강)

01 새로운 이야기의 등장인물을 써 보세요.
등장인물
an __eagle__ and a __small__ __perch__ (독수리와 작은 민물고기)

02 새로운 이야기의 장소를 써 보세요.
장소
a __river__ (강)

03 새로운 이야기의 사건을 잘 읽고, 빈칸에 알맞은 단어를 써 보세요.
사건
1. 그가 얕은 물을 걷고 있을 때, 작은 민물고기 한 마리가 가까운 곳에 왔습니다.
As he __walked__ the shallow waters, a small __perch__ came nearby.

2. 독수리가 말했습니다. "아, 너무 배고파(hungry), 못 참겠어!(I can't help it!)"
The __eagle__ said, "Oh, I'm so hungry. I can't help it!"

3. 그는 작은 민물고기를 잡아서(caught) 먹었습니다.
He caught the small __perch__ and ate it.

4. 그러니 독수리는 가까운 곳에 있던 더 많은 물고기들을 먹었습니다.
Then the __eagle__ ate more __fish__ nearby.

04 새로운 이야기의 결말을 잘 읽고, 빈칸에 알맞은 단어를 써 보세요.
결말
그래서 그(독수리)는 만족함을 느끼며(feeling satisfied) 집에 돌아갔습니다(went back home).
So, he went back __home__ feeling satisfied.

114p

'새로운 이야기 쓰기 준비'에서 작성한 줄거리를 활용하여 이야기를 새로 써 보세요.
(검정 글씨는 그대로 쓰고, 밑줄 친 표현만 바꿔 쓰요.)

원래 이야기	새로운 이야기
1. Long ago, a _heron_ was walking along a _stream_.	1. Long ago, __an eagle was walking__ __along a river__.
2. The _heron_ wanted to have breakfast.	2. The __eagle wanted__ __to have breakfast__.
3. The _stream_ was full of small fish.	3. The __river was full of small fish__.
4. But the _heron_ didn't want to eat the small fish.	4. But the __eagle didn't want to eat__ __the small fish__.
5. He wanted to have a bigger fish.	5. He __wanted to have a bigger fish__.
6. As he walked the shallow waters, a small perch came nearby.	6. As __he walked the shallow waters,__ __a small perch came nearby__.
7. The _heron_ said, "_A perch is not big enough!_"	7. The __eagle__ said, "Oh, I'm so __hungry__. I can't __help__ __it__!"
8. _He started to look for something else._	8. He __caught__ the small __perch__ and ate it.
9. _But the heron realized there were no more fish near him._	9. Then the __eagle__ ate more __fish__ nearby.
10. _So instead of fish, the heron had to have a tiny snail._	10. So, he __went__ __back__ __home__ feeling __satisfied__.

115p

정답 13

Unit 25

🗣 본문의 내용을 읽고 질문에 대한 답을 써 보세요.

01 이야기의 등장인물들은 누구인가요?
등장인물 four ___cows___ and a ___tiger___ (네 마리의 암소와 호랑이)

02 이야기의 장소는 어디인가요?
장소 a ___forest___ (숲)

03 무슨 일이 일어났나요?
사건 1. 그러던 어느 날 아침, 암소들은 싸웠습니다.
Then one morning, the cows had a ___fight___.

2. 그래서 그들은 멀리 떨어져 풀을 뜯었습니다.
So, they grazed from a ___distance___.

3. 호랑이가 이것이 사냥하기에 아주 좋은 기회라고 생각했습니다.
The tiger thought this was a great ___chance___ to ___hunt___.

4. 한 마리씩, 호랑이는 암소들을 공격했습니다.
One ___by___ one, the tiger ___attacked___ the cows.

04 결국 어떻게 되었나요?
결말 결국, 호랑이는 그(암소)들 전부를 잡아먹었습니다.
Eventually, the tiger ate them ___all___.

🗣 등장인물과 장소를 바꿔 새로운 이야기의 줄거리를 만들어 보세요.

원래 이야기		새로운 이야기
• 등장인물 1 four cows (네 마리의 암소)	→	four sheep (네 마리의 양)
• 등장인물 2 a tiger (호랑이)	→	a wolf (늑대)
• 장소 a forest (숲)	→	a farm (농장)

01 새로운 이야기의 등장인물을 써 보세요.
등장인물 four ___sheep___ and a ___wolf___ (네 마리의 양과 늑대)

02 새로운 이야기의 장소를 써 보세요.
장소 a ___farm___ (농장)

03 새로운 이야기의 사건을 잘 읽고, 빈칸에 알맞은 단어를 써 보세요.
사건 1. 그러던 어느 날 아침, 양들은 싸웠습니다.
Then one morning, the ___sheep___ had a fight.

2. 그래서 그들은 멀리 떨어져 풀을 뜯었습니다.
So, they ___grazed___ from a distance.

3. 그러나 양들 중 한 마리가 말했습니다. "화해하자!(let's make up!) 혼자 있는 것은 위험해!(dangerous!)."
But one of the ___sheep___ said, "Let's make up! It's dangerous to be ___alone___."

4. 네 마리의 양들은 서로에게(one another) 사과했습니다(apologized).
The four ___sheep___ apologized to one another.

04 새로운 이야기의 결말을 잘 읽고, 빈칸에 알맞은 단어를 써 보세요.
결말 그래서 늑대는 그들(양들)을 공격할 수 없었습니다.
So, the ___wolf___ couldn't attack them.

🗣 '새로운 이야기 쓰기 준비'에서 작성한 줄거리를 활용하여 이야기를 새로 써 보세요.
(검은 글씨는 그대로 쓰고, 질은 그은 표현만 바꿔 쓰요.)

원래 이야기	새로운 이야기
1. Once there lived four <u>cows</u> <u>in</u> a <u>forest</u>.	1. Once there lived four ___sheep___ on a ___farm___.
2. They were good friends and always grazed together.	2. They ___were___ good friends and ___always grazed together___.
3. One day, a <u>tiger</u> was watching them.	3. One day, ___a wolf was watching them___.
4. But he didn't get close.	4. But ___he didn't get close___.
5. The <u>tiger</u> said, "I can't fight all four of them at once."	5. The wolf said, "___I___ can't fight all four of them at once."
6. Then one morning, the <u>cows</u> had a fight.	6. Then one morning, ___the sheep had a fight___.
7. So, they grazed from a distance.	7. So, they grazed from a ___distance___.
8. <u>The tiger thought this was a great chance to hunt.</u>	8. But one of the ___sheep___ said, "Let's ___make up___! It's ___dangerous___ to be alone."
9. <u>One by one, the tiger attacked the cows.</u>	9. The four ___sheep___ apologized to one another.
10. <u>Eventually, the tiger ate them all.</u>	10. So, the ___wolf___ couldn't attack them.

Unit 01

| 본문 해석 |

1. 옛날에 엄마 게와 아기 게가 살았습니다.
2. 그들은 해변에 살았습니다.
3. 해변을 걷는 동안에 아기 게는 옆으로 걷고 있었습니다.
4. 엄마 게가 말했습니다. "앞으로 똑바로 걸어야지!"
5. 아기 게가 말했습니다. "못하겠어요. 어떻게 똑바로 걷는지 보여 주실 수 있으세요?"
6. 엄마 게는 대답했습니다. "주의해서 잘 보렴, 아가야!"
7. 그러더니 그녀도 옆으로 걷기 시작했습니다!
8. 그녀는 계속 시도했지만 오로지 옆으로만 걸을 수 있었습니다.
9. 엄마 게는 발가락의 방향을 바꾸고 싶었지만, 그렇게 할 수 없었습니다.
10. 그녀는 아주 많이 시도했지만, 그녀는 매번 앞으로 넘어졌습니다.

| 새로운 이야기 해석 |

1. 옛날에 엄마 여우와 아기 여우가 살았습니다.
2. 그들은 숲속에 살았습니다.
3. 숲속을 걷는 동안에 아기 여우는 네 발로 걷고 있었습니다.
4. 엄마 여우가 말했습니다. "두 발로 걸어야지!"
5. 아기 여우가 말했습니다. "못 하겠어요. 어떻게 두 발로 걷는지 보여 주실 수 있으세요?"
6. 엄마 여우는 대답했습니다. "주의해서 잘 보렴. 아가야!"
7. 그러더니 그녀도 네 발로 걷기 시작했습니다.
8. 그녀는 계속 시도했지만 오로지 네 발로만 걸을 수 있었습니다.
9. 그제야 그녀는 그녀의 잘못을 깨달았습니다.
10. 그래서 그녀는 아기 여우에게 사과했습니다.

Unit 02

| 본문 해석 |

1. 어느 날, 황새는 여우의 집에 저녁을 먹으러 갔습니다.
2. 여우는 얕은 접시들에 수프를 따랐습니다.
3. 여우는 빠르게 그의 수프를 모두 먹었습니다.
4. 그런데 황새의 부리가 너무 길어서 수프를 하나도 먹을 수가 없었습니다.
5. 여우가 물었습니다. "배고프지 않아?"
6. 황새가 대답했습니다. "지금은 별로 배고프지 않아."
7. 다음 날, 여우는 황새의 집에 초대되었습니다.
8. 이번에는 황새가 목이 좁은 병에 수프를 따랐습니다.
9. 황새는 그의 수프를 모두 먹었지만 여우는 먹을 수 없었습니다.
10. 이번에는 여우가 배고픈 채로 떠나야 했습니다.

| 새로운 이야기 해석 |

1. 어느 날, 두루미는 토끼의 집에 저녁을 먹으러 갔습니다.
2. 토끼는 얕은 접시들에 수프를 따랐습니다.
3. 토끼는 빠르게 그의 수프를 모두 먹었습니다.
4. 그런데 두루미의 부리가 너무 길어서 수프를 하나도 먹을 수가 없었습니다.
5. 토끼가 물었습니다. "배고프지 않아?"
6. 두루미가 대답했습니다. "지금은 별로 배고프지 않아."
7. 다음 날, 토끼는 두루미의 집에 초대되었습니다.
8. 이번에는 두루미가 수프를 얕은 접시와 목이 좁은 병에 따랐습니다.
9. 그래서 그들은 둘 다 수프를 먹을 수 있었습니다.
10. 그러자 토끼는 두루미에게 사과했습니다.

Unit 03

| 본문 해석 |

1. 어느 날, 개미가 연못의 물을 마시러 밖으로 나왔습니다.
2. 물을 마시는 동안, 그는 미끄러져서 물에 빠졌습니다.
3. "도와주세요! 도와주세요!" 개미가 외쳤습니다.
4. 바로 그 때, 지나가던 비둘기가 개미를 보았습니다.
5. 비둘기는 재빨리 나뭇잎을 잡아서 개미에게 던졌습니다.
6. 개미는 나뭇잎 위에 기어올랐고 비둘기에게 고마워했습니다.
7. 며칠 후, 개미는 비둘기를 다시 보았습니다.
8. 한 사냥꾼이 비둘기 위에 그물을 던지려 하고 있었습니다.
9. 개미는 재빨리 사냥꾼의 발목을 물었습니다!
10. 사냥꾼은 그물을 떨어뜨렸고, 개미는 비둘기를 구했습니다.

| 새로운 이야기 해석 |

1. 어느 날, 무당벌레가 개울의 물을 마시러 밖으로 나왔습니다.
2. 물을 마시는 동안, 그는 미끄러져서 물에 빠졌습니다.
3. "도와주세요! 도와주세요!" 무당벌레가 외쳤습니다.
4. 바로 그때, 개울에 있던 물고기가 무당벌레를 보았습니다.
5. 물고기는 재빨리 무당벌레에게 나뭇가지를 가져다주었습니다.
6. 무당벌레는 나뭇가지 위에 기어올랐고 물고기에게 고마워했습니다.
7. 며칠 후, 무당벌레는 물고기를 다시 보았습니다.
8. 한 어부가 물고기 위에 그물을 던지려 하고 있었습니다.
9. 무당벌레는 재빨리 어부의 손가락을 물었습니다.
10. 어부는 그물을 떨어뜨렸고, 무당벌레는 물고기를 구했습니다.

Unit 04

| 본문 해석 |

1. 옛날에 하얀 염소와 갈색 염소가 살았습니다.
2. 그들은 아주 좁은 다리가 있는 강 옆에 살고 있었습니다.
3. 어느 날, 염소 두 마리는 둘 다 그 다리를 건너야 했습니다.
4. 염소들은 다리 중간에서 마주 보았습니다.
5. 그들은 모두 먼저 가고 싶어 했습니다.
6. 그래서 그들은 싸우기 시작했습니다.
7. 하얀 염소가 말했습니다. "내가 너보다 나이가 많아!"
8. 갈색 염소가 말했습니다. "내가 너보다 힘이 세!"
9. 결국 그들은 둘 다 균형을 잃기 시작했습니다.
10. 그래서 두 마리의 염소는 모두 다리에서 떨어졌습니다.

| 새로운 이야기 해석 |

1. 옛날에 하얀 말과 갈색 말이 살았습니다.
2. 그들은 아주 좁은 다리가 있는 호수 옆에 살았습니다.
3. 어느 날, 말 두 마리는 둘 다 그 다리를 건너야 했습니다.
4. 말들은 다리 중간에서 마주 보았습니다.
5. 그들은 모두 먼저 가고 싶어 했습니다.
6. 그래서 그들은 싸우기 시작했습니다.
7. 하얀 말이 말했습니다. "내가 너보다 나이가 많아!"
8. 잠시 후에 갈색 말이 말했습니다. "난 더 이상 싸우고 싶지 않아. 너 먼저 가."
9. 하얀 말은 미안한 마음이 들었고, 사과도 했습니다.
10. 그래서 두 마리의 말은 한 마리씩 다리를 건넜습니다.

Unit 05

| 본문 해석 |

1. 옛날에 소금 장수와 당나귀가 살았습니다.
2. 소금 장수는 항상 당나귀 등에 무거운 자루를 실었습니다.
3. 어느 날, 당나귀는 무거운 소금 자루를 운반해야 했습니다.
4. 개울을 건너는 동안, 당나귀는 물에 빠졌습니다.
5. 그때 그는 자루가 더 가벼워진 것을 깨달았습니다.
6. 당나귀는 생각했습니다, "나는 자루를 더 가볍게 만들기 위해 물에 빠져야겠어!"
7. 다음 날, 소금 장수는 당나귀 등에 많은 양의 솜을 실었습니다.
8. 이번에는 당나귀가 일부러 물에 빠졌습니다.
9. 하지만 자루는 더욱 더 무거워졌습니다.
10. 그래서 당나귀는 전보다 더 무거운 자루를 운반해야 했습니다.

| 새로운 이야기 해석 |

1. 옛날에 설탕 장수와 말이 살았습니다.
2. 설탕 장수는 항상 말 등에 무거운 자루를 실었습니다.
3. 어느 날, 말은 무거운 설탕 자루들을 운반해야 했습니다.
4. 강을 건너는 동안, 말은 물에 빠졌습니다.
5. 그때 그는 자루가 더 가벼워진 것을 깨달았습니다.
6. 말은 생각했습니다. "나는 자루들을 더 가볍게 만들기 위해 물에 빠져야겠어!"
7. 다음 날, 설탕 장수는 말의 등에 더 많은 설탕을 실었습니다.
8. 이번에는 말이 일부러 물에 빠졌습니다.
9. 자루가 더욱 더 가벼워졌습니다.
10. 그래서 설탕 장수는 말에게 화가 났습니다.

Unit 06

| 본문 해석 |

1. 숲에 욕심 많은 늑대가 살았습니다.
2. 어느 날, 욕심 많은 늑대는 저녁을 너무 빨리 먹는 바람에 심지어 뼈까지 삼켰습니다!
3. 뼈가 그의 목에 걸렸습니다.
4. 지나가던 두루미는 아파하는 늑대를 보았습니다.
5. 늑대가 말했습니다, "제발 도와줘! 내가 보상을 준다고 약속할게."
6. "알았어, 널 도와줄게,"라고 두루미가 말했습니다.
7. 두루미는 머리를 늑대의 입에 넣고 뼈를 뽑았습니다!
8. 두루미가 물었습니다, "내게 보답으로 무엇을 줄 거니?"
9. "뭐라고? 내가 널 잡아먹지 않은 것에 감사하렴."이라고 늑대가 말했습니다.
10. 두루미는 깊은 숨을 쉬고는 아무것도 없이 날아갔습니다.

| 새로운 이야기 해석 |

1. 들판에 욕심 많은 사자가 살았습니다.
2. 어느 날, 욕심 많은 사자는 저녁을 너무 빨리 먹는 바람에 심지어 뼈까지 삼켰습니다!
3. 뼈가 그의 목에 걸렸습니다.
4. 지나가던 황새는 아파하는 사자를 보았습니다.
5. 사자가 말했습니다. "제발 도와줘. 내가 보상을 준다고 약속할게."
6. "미안해. 널 도와주기에는 너무 무서워."라고 황새가 말했습니다.
7. 날이 지남에 따라 사자는 점점 약해졌습니다.
8. 그래서 황새는 사자의 입에 머리를 집어넣고 뼈를 뽑았습니다.
9. 황새가 말했습니다. "나는 어떤 보상도 필요 없어."
10. 황새는 그저 살아서 행복했습니다.

Unit 07

| 본문 해석 |

1. 숲에서 당나귀 한 마리가 사냥꾼이 남긴 사자의 가죽을 발견했습니다.
2. 당나귀는 생각했습니다. "만약 내가 이 가죽을 입는다면, 모든 이들이 나를 무서워할 거야!"
3. 당나귀는 사자의 가죽을 입었습니다.
4. 바로 그때, 토끼 한 마리가 사자의 가죽을 쓴 당나귀를 보았습니다.
5. 토끼는 소리쳤습니다. "세상에! 사자다!"
6. 당나귀는 더욱 자신감을 가지게 되었습니다.
7. 그래서 그는 진짜 사자처럼 숲을 돌아다녔습니다.
8. 그를 본 모든 동물들은 도망쳤습니다.
9. 그날 밤, 강한 바람이 사자 가죽을 날려 보냈습니다.
10. 모든 동물들은 그것이 단지 사자 가죽 아래에 있는 당나귀였다는 것에 충격을 받았습니다.

| 새로운 이야기 해석 |

1. 들판에서 여우 한 마리가 사냥꾼이 남긴 사자의 가죽을 발견했습니다.
2. 여우는 생각했습니다. "만약 내가 이 가죽을 입는다면, 모든 이들이 나를 무서워할 거야."
3. 여우는 사자의 가죽을 입었습니다.
4. 바로 그때, 다람쥐 한 마리가 사자의 가죽을 쓴 여우를 보았습니다.
5. 다람쥐는 소리쳤습니다. "세상에! 사자다!"
6. 여우는 더욱 자신감을 가지게 되었습니다.
7. 그래서 그는 진짜 사자처럼 들판을 돌아다녔습니다.
8. 그런데 다람쥐는 그것이 사자 가죽을 쓴 여우라는 것을 깨달았습니다.
9. 그래서 그는 여우에게서 사자 가죽을 벗겼습니다.
10. 그러자 여우는 도망쳤습니다.

Unit 08

| 본문 해석 |

1. 옛날에 당나귀와 말을 가진 한 남자가 살았습니다.
2. 매일 당나귀와 말은 시장에서의 짐들을 나르곤 했습니다.
3. 어느 날, 그 남자는 모든 짐들을 당나귀에게 실었고, 말에는 아무것도 싣지 않았습니다.
4. 당나귀가 물었습니다. "친구야, 나를 도와줄 수 있니?"
5. 말이 대답했습니다. "내가 왜 너의 짐들을 지고 가야 하지?"
6. 당나귀는 아무 말도 하지 않고 계속 걸었습니다.
7. 당나귀는 다시 물었습니다. "제발 나를 도와줄 수 있니?"
8. 말은 대답했습니다. "안 돼! 그건 너무 무거워 보여!"
9. 당나귀는 너무 피곤해서 쓰러졌습니다.
10. 걱정한 남자는 모든 짐들을 말에게 옮겼고, 그는 그것들을 집까지 내내 운반해야만 했습니다.

| 새로운 이야기 해석 |

1. 옛날에 염소와 황소를 가진 한 남자가 살았습니다.
2. 매일 염소와 황소는 마을에서의 짐들을 나르곤 했습니다.
3. 어느 날, 그 남자는 모든 짐들을 염소에게 실었고, 황소에는 아무것도 싣지 않았습니다.
4. 염소가 물었습니다. "친구야, 나를 도와줄 수 있니?"
5. 황소가 대답했습니다. "내가 왜 너의 짐들을 지고 가야 하지?"
6. 염소는 아무 말도 하지 않고 계속 걸었습니다.
7. 염소는 다시 물었습니다. "제발 나를 도와줄 수 있니?"
8. 황소가 대답했습니다. "알겠어, 너 정말 지쳐 보이는구나."
9. 그래서 그들은 무거운 짐들을 함께 운반했습니다.
10. 그 결과, 그들 둘 다 너무 지치지 않았습니다.

Unit 09

| 본문 해석 |

1. 옛날에 숲속에 사는 까마귀가 있었습니다.
2. 어느 더운 여름 날, 까마귀는 말했습니다. "나는 너무 목이 말라!"
3. 그는 약간의 물이 안에 들어 있는 물주전자를 발견했습니다.
4. 물주전자는 높고 매우 좁았습니다.
5. 그래서 까마귀는 물에 닿을 수 없었습니다.
6. 하지만 까마귀는 좋은 생각이 떠올랐습니다!
7. 그는 작은 조약돌들을 줍기 시작했습니다.
8. 그러더니 하나씩, 그는 조심스럽게 그것들을 물주전자에 떨어뜨렸습니다.
9. 물이 올라가기 시작하더니 거의 꼭대기에 닿았습니다.
10. 까마귀는 이제 물을 마실 수 있게 되었습니다.

| 새로운 이야기 해석 |

1. 옛날에 사막에 사는 도마뱀이 있었습니다.
2. 어느 더운 여름 날, 도마뱀은 말했습니다. "나는 너무 목이 말라!"
3. 그는 약간의 물이 안에 들어 있는 물주전자를 발견했습니다.
4. 물주전자는 높고 매우 좁았습니다.
5. 그래서 도마뱀은 물에 닿을 수 없었습니다.
6. 하지만 도마뱀은 좋은 생각이 떠올랐습니다!
7. 그는 작은 조약돌들을 줍기 시작했습니다.
8. 그러더니 그는 물주전자에 모든 돌들을 동시에 와르르 쏟았습니다.
9. 물주전자가 쓰러졌고 물이 땅에 쏟아졌습니다.
10. 그래서 도마뱀은 물을 하나도 마실 수 없었습니다.

Unit 10

| 본문 해석 |

1. 어느 날, 개 한 마리가 개울을 건너고 있었습니다.
2. 그는 입에 커다란 뼈를 물고 있었습니다.
3. 개울을 건너는 동안, 개는 물을 내려다보았습니다.
4. 그는 더 큰 뼈를 가진 또 다른 개를 보았습니다.
5. 그는 더 큰 것을 원했고, 그는 짖기 위해 입을 열었습니다.
6. 그러자 그의 뼈가 물에 빠졌습니다.
7. 개가 소리쳤습니다, "안돼! 그 개는 단지 내 비친 모습이었어!"
8. 개는 뼈를 되찾기 위해 열심히 노력했습니다.
9. 하지만 그 뼈는 이미 개울을 따라 떠내려가 버렸습니다.
10. 탐욕스러운 개는 매우 슬퍼하며 집으로 갔습니다.

| 새로운 이야기 해석 |

1. 어느 날, 고양이 한 마리가 강을 건너고 있었습니다.
2. 그는 입에 커다란 물고기를 물고 있었습니다.
3. 강을 건너는 동안, 고양이는 물을 내려다보았습니다.
4. 그는 더 큰 물고기를 가진 또 다른 고양이를 보았습니다.
5. 그는 더 큰 것을 원했고, 그래서 그는 물을 휘저었습니다.
6. 그러자 더 큰 물고기를 가진 고양이는 사라졌습니다.
7. 고양이가 소리쳤습니다. "안돼! 그 고양이는 단지 내 비친 모습이었어!"
8. 그는 그 고양이가 그저 자기 그림자라는 것을 깨달았습니다.
9. 그래서 그는 물을 젓는 것을 멈췄습니다.
10. 고양이는 물고기를 입에 물고 집에 갔습니다.

Unit 11

| 본문 해석 |

1. 어느 가을날, 두 친구가 산에서 하이킹을 하고 있었습니다.
2. 갑자기, 곰 한 마리가 나타났습니다.
3. 친구 중 한 명이 근처에 있는 나무에 재빨리 올라갔습니다.
4. 다른 친구가 도망치기에는 너무 늦었습니다.
5. 그래서 그는 땅에 누웠고 숨을 참았습니다.
6. 곰이 다가와 그의 귀에 속삭였습니다.
7. "혼자 도망치는 친구를 믿지 말게나."
8. 그러더니 곰은 그의 동굴로 돌아갔습니다.
9. 나중에, 남자는 그의 친구에게 곰이 해 준 이야기를 말했습니다.
10. 그의 친구는 부끄러워서 사과했습니다.

| 새로운 이야기 해석 |

1. 어느 가을날, 원숭이 두 마리가 정글에서 하이킹을 하고 있었습니다.
2. 갑자기, 사자 한 마리가 나타났습니다.
3. 원숭이 중 한 마리는 근처에 있는 나무에 재빨리 올라갔습니다.
4. 다른 원숭이가 도망치기에는 너무 늦었습니다.
5. 그래서 그는 땅에 누웠고 숨을 참았습니다.
6. 사자가 다가와 그의 귀에 속삭였습니다.
7. "원숭이야, 무서워하지 마. 나는 그저 너와 친구가 되고 싶어."
8. 그러더니 사자는 그 원숭이를 저녁식사에 초대했습니다.
9. 나중에, 원숭이는 그의 친구에게 사자가 해 준 이야기를 말했습니다.
10. 그의 친구는 그 원숭이가 매우 부러웠습니다.

Unit 12

| 본문 해석 |

1. 옛날에 항상 거북이를 놀리는 토끼가 있었습니다.
2. "넌 항상 너무 느리구나!"라고 토끼가 말했습니다.
3. 거북이는 대답했습니다. "우리 경주를 해 보자. 내가 널 이길 게 틀림없어!"
4. 토끼는 동의했고, 그래서 그들은 경주를 시작했습니다.
5. 산 중턱에서, 토끼는 거북이가 멀리 뒤쳐져 있는 것을 보았습니다.
6. 그래서 그는 멈추고 낮잠을 자기로 결정했습니다.
7. 거북이는 느리지만 꾸준히 계속 갔습니다.
8. 곧 거북이는 잠자는 토끼를 지나쳤습니다.
9. 토끼가 깨어났을 때에는 너무 늦었습니다.
10. 결국, 거북이는 경주에서 이겼습니다.

| 새로운 이야기 해석 |

1. 옛날에 항상 달팽이를 놀리는 개구리가 있었습니다.
2. "넌 항상 너무 느리구나!" 개구리가 말했습니다.
3. 달팽이가 대답했습니다. "우리 경주를 해 보자. 내가 널 이길 게 틀림없어!"
4. 개구리는 동의했고, 그래서 그들은 경주를 시작했습니다.
5. 산 중턱에서, 개구리는 달팽이가 멀리 뒤쳐져 있는 것을 보았습니다.
6. 그래서 그는 멈추고 낮잠을 자기로 결정했습니다.
7. 달팽이는 느리지만 꾸준히 계속 갔습니다.
8. 불행하게도 그는 개구리 바로 뒤에서 넘어졌습니다.
9. 개구리는 돌아가서 달팽이를 일으켜 주었습니다.
10. 결국, 그들은 함께 결승선을 통과하였습니다.

Unit 13

| 본문 해석 |

1. 옛날에, 한 여우가 과수원을 지나가고 있었습니다.
2. 여우는 매우 목이 말랐고 배가 고팠습니다.
3. 먹이를 찾는 동안, 그는 포도나무에 달린 포도 한 송이를 발견했습니다!
4. 포도는 과즙이 많아 보였지만 나무가 너무 높았습니다.
5. 여우는 열심히 뛰었습니다.
6. 하지만 그는 포도에 닿지 못했습니다.
7. 여우는 계속 노력했지만 매번 실패했습니다.
8. 그는 지치기 시작했고 심지어 화가 나기 시작했습니다.
9. 여우는 말했습니다. "저 포도들은 어차피 시큼해 보여."
10. 결국, 배고픈 여우는 포기하고 떠나 버렸습니다.

| 새로운 이야기 해석 |

1. 옛날에, 사슴이 들판을 지나가고 있었습니다.
2. 사슴은 매우 목이 말랐고 배가 고팠습니다.
3. 먹이를 찾는 동안, 그는 포도나무에 달린 포도 한 송이를 발견했습니다!
4. 포도는 과즙이 많아 보였지만, 나무가 너무 높았습니다.
5. 사슴은 열심히 뛰었습니다.
6. 하지만 그는 포도에 닿지 못했습니다.
7. 사슴은 계속 노력했지만 매번 실패했습니다.
8. 그래서 사슴은 나뭇가지로 긴 막대기를 만들었습니다.
9. 그는 그 긴 막대기로 포도를 땄습니다.
10. 마침내, 사슴은 신이 나서 포도를 먹었습니다.

Unit 14

| 본문 해석 |

1. 작은 마을에 사는 양치기 소년이 있었습니다.
2. 그의 일은 아기 양을 지켜보는 것이었습니다.
3. 어느 날, 그는 너무 지루해서 소리쳤습니다. "보세요, 늑대가 있어요!"
4. 모든 마을 사람들이 달려와 물었습니다. "늑대는 어디에 있니?"
5. 소년은 말했습니다. "늑대는 없어요! 죄송해요!"
6. 마을 사람들은 화가 나서 집으로 돌아갔습니다.
7. 다음 날, 소년은 아기 양들 근처에 있는 진짜 늑대를 보았습니다.
8. 양치기 소년은 소리쳤습니다. "늑대가 있어요! 도와주세요!"
9. 그가 여러 번 소리쳤음에도 불구하고 아무도 도와주러 오지 않았습니다.
10. 결국, 늑대는 소년의 아기 양들 중 한 마리를 잡아갔습니다.

| 새로운 이야기 해석 |

1. 작은 농장에 사는 수탉이 있었습니다.
2. 그의 일은 병아리들을 지켜보는 것이었습니다.
3. 어느 날, 그는 너무 지루해서 소리쳤습니다. "보세요! 여우가 있어요!"
4. 다른 모든 수탉들이 달려와 물었습니다. "여우는 어디 있니?"
5. 수탉은 말했습니다. "여우는 없어요! 죄송해요!"
6. 다른 수탉들은 화가 났지만 방심하지 않았습니다.
7. 다음 날, 수탉은 병아리들 근처에 있는 진짜 여우를 보았습니다.
8. 수탉은 소리쳤습니다. "여우가 있어요! 도와주세요!"
9. 다른 수탉들이 여우를 봤고, 그를 공격했습니다.
10. 결국, 여우는 도망갔습니다.

Unit 15

| 본문 해석 |

1. 작은 마을에 특별한 거위를 가진 남자가 살았습니다.
2. 거위는 매일 아름다운 황금알을 하나씩 낳았습니다.
3. 그 남자는 알들을 팔았고 많은 돈을 벌었습니다.
4. 그러나 그는 세상에서 가장 부유한 남자가 되고 싶었습니다.
5. 어느 날 그는 생각했습니다. '왜 거위는 하루에 단지 한 알만 낳는 거지?'
6. 그는 거위 안에 많은 알들이 들어 있을 거라고 생각했습니다.
7. 그래서 그는 거위를 죽이고, 배를 갈랐습니다.
8. 하지만 황금알은 하나도 없었습니다!
9. "이런! 알이 하나도 없잖아!"라고 남자는 소리쳤습니다.
10. 그는 거위와 알 둘 다 잃었습니다.

| 새로운 이야기 해석 |

1. 작은 오두막집에 특별한 암탉을 가진 농부가 살았습니다.
2. 암탉은 매일 아름다운 황금알을 하나씩 낳았습니다.
3. 그 농부는 알들을 팔았고 많은 돈을 벌었습니다.
4. 그러나 그는 세상에서 가장 부유한 남자가 되고 싶었습니다.
5. 어느 날 그는 생각했습니다. '왜 암탉은 하루에 단지 한 알만 낳는 거지?'
6. 그는 암탉 안에 많은 알들이 들어 있을 거라고 생각했습니다.
7. 그래서 그는 암탉에게 하루 종일 먹이를 주었습니다.
8. 그는 암탉이 더 많이 먹으면 더 많은 알들을 낳을 거라고 생각했습니다.
9. 며칠 뒤, 암탉은 하루에 알을 세 개씩 낳기 시작했습니다.
10. 곧, 농부는 세상에서 가장 부유한 남자가 되었습니다.

Unit 16

| 본문 해석 |

1. 옛날 정글에 까마귀 한 마리가 살았습니다.
2. 어느 날, 그녀는 호수에서 수영을 하고 있는 백조를 보았습니다.
3. "나는 하얀 백조처럼 되고 싶어."라고 까마귀는 말했습니다.
4. 그날부터 그녀는 백조를 따라 했습니다.
5. 그녀는 집을 떠났고 백조처럼 살기 시작했습니다.
6. 까마귀는 혼잣말을 했습니다. "나는 하루 종일 백조가 하는 모든 것을 할 거야!"
7. 그러더니 그녀는 백조가 했던 것처럼 호수 속으로 뛰어들었습니다.
8. 까마귀는 심지어 백조가 먹는 풀도 먹었습니다.
9. 그러나 그녀의 깃털은 여전히 까맣고 그녀는 약해졌습니다.
10. 결국, 그녀는 배고픈 채로 집에 돌아갔습니다.

| 새로운 이야기 해석 |

1. 옛날에 연못에 하얀 오리 한 마리가 살았습니다.
2. 어느 날, 그녀는 하늘에서 날고 있는 황새를 보았습니다.
3. "나는 날고 있는 황새처럼 되고 싶어"라고 오리는 말했습니다.
4. 그날부터 그녀는 황새를 따라 했습니다.
5. 그녀는 집을 떠났고 황새처럼 살기 시작했습니다.
6. 오리는 혼잣말을 했습니다. "나는 하루 종일 황새가 하는 모든 것을 할 거야."
7. 그러더니 그녀는 황새가 했던 것처럼 날개들을 파닥거렸습니다.
8. 오리는 심지어 하늘을 나는 꿈도 꾸었습니다.
9. 마침내, 오리는 하늘을 날 수 있었습니다.
10. 그래서 그녀는 황새와 함께 하늘을 날아다니며 하루 종일 시간을 보냈습니다.

Unit 17

| 본문 해석 |

1. 어느 날, 배고픈 늑대는 작은 오두막집을 우연히 발견했습니다.
2. 울고 있는 아이와 그의 엄마가 안에 있었습니다.
3. 엄마가 말했습니다. "그만 울거라, 그렇지 않으면 내가 너를 늑대들에게 줄 거야!"
4. 늑대는 엄마의 말을 들었고 아이를 기다렸습니다.
5. 그는 하루 종일 기다렸지만 아무도 나오지 않았습니다.
6. 그날 밤, 늑대는 엄마의 말을 또 들었습니다. "늑대는 널 잡지 못할 거야!"
7. 그는 주의 깊게 듣기 위해 더 가까이 갔습니다.
8. 그녀는 말했습니다. "그래 그렇지. 만약 늑대가 온다면, 아빠가 널 보호해 줄 거야!"
9. 때마침, 아빠가 그의 개들과 함께 집에 왔습니다.
10. 겁먹은 늑대는 도망갔습니다.

| 새로운 이야기 해석 |

1. 어느 날, 배고픈 고양이가 작은 동굴을 우연히 발견했습니다.
2. 울고 있는 아기 쥐와 그의 엄마가 안에 있었습니다.
3. 엄마가 말했습니다. "그만 울거라, 그렇지 않으면 내가 너를 고양이들에게 줄 거야!"
4. 고양이는 엄마 쥐의 말을 들었고 아기 쥐를 기다렸습니다.
5. 그는 하루 종일 기다렸지만 아무도 나오지 않았습니다.
6. 그날 밤, 고양이는 엄마 쥐의 말을 다시 들었습니다. "고양이는 널 잡지 못할 거야!"
7. 엄마가 말했습니다. "그래 그렇지. 만약 고양이가 오면 내가 널 보호해 줄 거야!"
8. 고양이는 웃었고, 동굴로 걸어 들어갔습니다.
9. 그때 엄마 쥐가 고양이를 공격했습니다.
10. 엄마 쥐는 아기 쥐를 구했습니다.

Unit 18

| 본문 해석 |

1. 어느 가을날, 개미들은 뒷마당에서 곡식을 말리고 있었습니다.
2. 그들은 여름 동안 그 곡식을 저장해 두었습니다.
3. 곧, 배고픈 베짱이가 개미들에게 다가왔습니다.
4. 그러더니 그는 음식을 구걸했습니다.
5. 개미들이 물었습니다. "지난여름 내내 무엇을 했니?"
6. 베짱이가 대답했습니다. "난 음악을 만드느라 너무 바빴어."
7. 그는 개미들에게 물었습니다. "제발 내게 음식을 줄 수 있겠니?"
8. 개미들은 거절했습니다.
9. 그들은 그들이 열심히 일해서 모은 음식을 나눠 주고 싶지 않았습니다.
10. 그래서 베짱이는 음식을 하나도 얻지 못하고 떠나야 했습니다.

| 새로운 이야기 해석 |

1. 어느 가을날, 다람쥐들이 들판에서 곡식을 말리고 있었습니다.
2. 그들은 여름 동안 그 곡식을 저장해 두었습니다.
3. 곧이어, 배고픈 여우가 다람쥐들에게 다가왔습니다.
4. 그러더니 그는 음식을 구걸했습니다.
5. 다람쥐들은 물었습니다. "지난여름 내내 무엇을 하고 있었니?"
6. 여우가 대답했습니다. "난 음악을 만드느라 너무 바빴어!"
7. 여우는 말했습니다. "하지만 나는 지금 그것을 후회해. 내게 음식을 좀 줄래?"
8. 다람쥐들은 여우를 불쌍히 여겼습니다.
9. 그래서 그들은 여우와 음식을 나누었습니다.
10. 마침내, 여우는 다람쥐들에게 고마워했습니다.

Unit 19

| 본문 해석 |

1. 숲속의 모든 동물들은 사자 왕의 파티에 모였습니다.
2. 동물들 중 한 마리가 원숭이에게 물었습니다. "우리를 위해 춤을 춰 주겠니?"
3. 원숭이가 대답했습니다. "물론이지. 나는 너희들을 위해 춤을 출 수 있어."
4. 모든 이들은 그의 춤에 매우 기뻐했습니다.
5. 그러나 낙타는 원숭이를 시샘했습니다.
6. 낙타는 자신이 원숭이처럼 춤을 출 수 있다고 생각했습니다.
7. 그래서 그는 춤을 추기 시작했습니다.
8. 그러나 낙타는 자신을 우스꽝스럽게 만들었습니다.
9. 그는 다리를 걷어차고 그의 긴 목을 비틀었습니다.
10 그래서 동물들은 모두 모여 낙타를 쫓아냈습니다.

| 새로운 이야기 해석 |

1. 마을의 모든 동물들은 사자 왕의 파티를 위해 모였습니다.
2. 동물들 중 한 마리가 공작새에게 물었습니다. "우리를 위해 춤을 춰 주겠니?"
3. 공작새는 말했습니다. "물론이지. 나는 너희들을 위해 춤을 출 수 있어."
4. 모든 이들은 그녀의 춤에 매우 기뻐했습니다.
5. 그러나 암탉은 공작새를 시샘했습니다.
6. 암탉은 자신이 공작새처럼 춤을 출 수 있다고 생각했습니다.
7. 그래서 그녀는 춤을 추기 시작했습니다.
8. 암탉은 그녀의 움직임을 자랑하려고 노력했습니다.
9. 암탉은 공작새보다 훨씬 춤을 잘 췄습니다.
10. 그래서 동물들은 그녀의 춤을 보고서는 신이 났습니다.

Unit 20

| 본문 해석 |

1. 어느 날, 사자가 숲에서 자고 있었습니다.
2. 한 작은 쥐가 사자의 코 주위에서 발끝으로 살금살금 걸었습니다.
3. 그런데 쥐가 사자를 깨웠습니다.
4. 화가 난 사자는 쥐를 잡으려고 했습니다.
5. 겁먹은 쥐가 말했습니다. "제발 절 보내 주세요. 언젠가 제가 당신에게 보답할게요."
6. 사자는 의심스러웠지만 쥐를 풀어 주었습니다.
7. 며칠 후, 사자는 사냥꾼의 그물에 잡혔습니다.
8. 쥐는 이것을 보았고 사자에게 재빨리 달려갔습니다.
9. 쥐는 모든 밧줄을 물어서 끊었습니다.
10. 마침내, 쥐는 사자를 구했습니다.

| 새로운 이야기 해석 |

1. 어느 날, 늑대가 마을에서 자고 있었습니다.
2. 작은 고양이가 늑대의 코 주위에서 발끝으로 살금살금 걸었습니다.
3. 그런데 고양이가 늑대를 깨웠습니다.
4. 화가 난 늑대는 고양이를 잡으려고 했습니다.
5. 겁먹은 고양이가 말했습니다. "제발 절 보내 주세요. 언젠가 제가 당신에게 보답할게요."
6. 늑대는 의심스러웠지만 고양이를 풀어 주었습니다.
7. 며칠 후, 늑대는 사냥꾼의 그물에 잡혔습니다.
8. 고양이는 이것을 보았습니다.
9. 하지만 고양이는 사냥꾼이 너무 무서워 달아났습니다.
10. 그래서 늑대는 사냥꾼에게 잡혔습니다.

Unit 21

| 본문 해석 |

1. 옛날에 가난한 어부가 살았습니다.
2. 어부는 그가 잡은 물고기들을 먹고 살았습니다.
3. 어느 날, 그는 바다에서 아주 작은 물고기를 잡았습니다.
4. 그가 막 그것을 바구니에 넣으려고 했습니다.
5. 물고기는 말했습니다. "제발 저를 놓아 주세요. 저는 너무 작아요."
6. 물고기는 덧붙였습니다. "제가 더 커졌을 때, 그때 저를 잡으면 돼요."
7. 그러나 어부가 말했습니다. "내가 너를 놓아 준다면 난 어리석은 거겠지."
8. 그는 덧붙였습니다. "네가 아주 작음에도 불구하고, 아무것도 없는 것보다는 낫지."
9. 그러더니 그는 아주 작은 물고기를 그의 바구니에 넣었습니다.
10. 그는 행복하게 집으로 돌아갔습니다.

| 새로운 이야기 해석 |

1. 옛날에 가난한 사냥꾼이 살았습니다.
2. 사냥꾼은 그가 잡은 새들을 먹고 살았습니다.
3. 어느 날, 그는 숲에서 아주 작은 새를 잡았습니다.
4. 그가 막 그것을 새장에 넣으려고 했습니다.
5. 새가 말했습니다. "제발 절 보내 주세요. 저는 너무 작아요."
6. 새가 덧붙였습니다. "제가 커졌을 때, 그 때 저를 잡으면 돼요."
7. 사냥꾼이 말했습니다. "그래, 난 널 믿어."
8. 그는 덧붙였습니다. "약속을 꼭 지키렴."
9. 그러더니 사냥꾼은 새를 놓아 주었습니다.
10. 그는 행복하게 집으로 돌아갔습니다.

Unit 22

| 본문 해석 |

1. 어느 날, 깊은 숲속에서 여우 한 마리가 우물에 빠졌습니다.
2. 여우는 우물에서 나오려고 했지만 그럴 수 없었습니다.
3. 몇 분 뒤, 염소 한 마리가 물을 마시러 잠깐 들렀습니다.
4. 염소가 물었습니다. "물은 어때? 맛있니?"
5. 여우는 말했습니다. "세상에서 최고의 물이야!"
6. 그래서 염소는 뛰어들어 물을 마셨습니다.
7. 여우는 재빨리 염소 등에 올라 우물에서 나왔습니다.
8. 염소는 애원했습니다. "제발 나도 나갈 수 있게 도와 줘." 하지만 여우는 도와주지 않았습니다.
9. 여우가 말했습니다. "뛰어들기 전에 나가는 방법을 생각했어야지!"
10. 그러더니 여우는 숲속으로 떠나 버렸습니다.

| 새로운 이야기 해석 |

1. 어느 날, 깊은 숲속에서 원숭이 한 마리가 호수에 빠졌습니다.
2. 원숭이는 호수에서 나오려고 했지만 그럴 수 없었습니다.
3. 몇 분 뒤, 양 한 마리가 물을 마시러 잠깐 들렀습니다.
4. 양이 물었습니다. "물은 어때? 맛있니?"
5. 원숭이는 말했습니다. "세상에서 최고의 물이야!"
6. 그래서 양은 뛰어들어 물을 마셨습니다.
7. 원숭이는 재빨리 양의 등에 올라 호수에서 나왔습니다.
8. 양은 애원했습니다. "제발 나도 나갈 수 있게 도와줘."
9. 원숭이는 양을 불쌍히 여겼습니다.
10. 그래서 원숭이는 양을 구해 주었습니다.

Unit 23

| 본문 해석 |

1. 옛날에 어두운 동굴에 늙은 사자가 혼자 살았습니다.
2. 그의 이빨과 발톱은 너무 닳아 있었습니다.
3. 그는 음식을 사냥하기가 어려웠습니다.
4. 그래서 사자는 아픈 척을 했습니다.
5. 많은 동물들은 가여운 사자를 방문하러 왔습니다.
6. 그들이 동굴로 들어가자, 사자는 그들을 한 마리씩 먹었습니다.
7. 어느 날, 여우가 사자를 보러 왔습니다.
8. 하지만 그는 동굴 안으로 들어가는 것을 거부했습니다.
9. 여우는 말했습니다. "당신의 동굴로 들어가는 많은 발자국이 보이지만, 동굴 밖으로 나온 발자국은 보이지 않아요."
10. 똑똑한 여우는 안에 들어가지 않고 집으로 돌아갔습니다.

| 새로운 이야기 해석 |

1. 옛날에 어두운 나무 집에 늙은 치타가 혼자 살았습니다.
2. 그의 이빨과 발톱은 너무 닳아 있었습니다.
3. 그는 음식을 사냥하기가 어려웠습니다.
4. 그래서 치타는 아픈 척을 했습니다.
5. 많은 동물들은 가여운 치타를 방문하러 왔습니다.
6. 그들이 나무 집으로 들어가자, 치타는 그들을 한 마리씩 먹었습니다.
7. 어느 날, 원숭이가 치타를 보러 왔습니다.
8. 처음에는 그가 나무 집 안으로 들어가는 것을 거부했습니다.
9. 치타는 말했습니다. "네가 안으로 들어오면 내가 너에게 바나나를 줄게."
10. 그래서 원숭이는 안으로 들어갔고, 치타는 그를 공격했습니다.

Unit 24

| 본문 해석 |

1. 옛날에 왜가리 한 마리가 개울가를 따라 걷고 있었습니다.
2. 왜가리는 아침을 먹고 싶었습니다.
3. 개울은 작은 물고기들로 가득 차 있었습니다.
4. 하지만 왜가리는 작은 물고기들을 먹고 싶지 않았습니다.
5. 그는 더 큰 물고기가 먹고 싶었습니다.
6. 그가 얕은 물을 걷고 있을 때, 작은 민물고기 한 마리가 가까운 곳에 왔습니다.
7. 왜가리가 말했습니다. "민물고기는 충분히 크지 않아!"
8. 그는 다른 것을 찾기 시작했습니다.
9. 하지만 왜가리는 그의 가까이에 물고기들이 더 이상 없다는 것을 깨달았습니다.
10. 그래서 물고기 대신 왜가리는 아주 작은 달팽이를 먹어야만 했습니다.

| 새로운 이야기 해석 |

1. 옛날에 독수리 한 마리가 강을 따라 걷고 있었습니다.
2. 독수리는 아침을 먹고 싶었습니다.
3. 강은 작은 물고기들로 가득 차 있었습니다.
4. 하지만 독수리는 작은 물고기들을 먹고 싶지 않았습니다.
5. 그는 더 큰 물고기가 먹고 싶었습니다.
6. 그가 얕은 물을 걷고 있을 때, 작은 민물고기 한 마리가 가까운 곳에 왔습니다.
7. 독수리가 말했습니다. "아, 너무 배고파. 못 참겠어!"
8. 그는 작은 민물고기를 잡아서 먹었습니다.
9. 그러더니 독수리는 가까운 곳에 있던 더 많은 물고기들을 먹었습니다.
10. 그래서 그는 만족함을 느끼며 집에 돌아갔습니다.

Unit 25

| 본문 해석 |

1. 옛날에 숲속에 네 마리의 암소가 살았습니다.
2. 그들은 좋은 친구였고 항상 함께 풀을 뜯었습니다.
3. 어느 날, 호랑이 한 마리가 그들을 지켜보고 있었습니다.
4. 하지만 그는 다가가지 않았습니다.
5. 호랑이가 말했습니다. "나는 네 마리의 암소와 동시에 싸울 수는 없어."
6. 그러던 어느 날 아침, 암소들은 싸웠습니다.
7. 그래서 그들은 멀리 떨어져 풀을 뜯었습니다.
8. 호랑이는 이것이 사냥하기에 아주 좋은 기회라고 생각했습니다.
9. 한 마리씩, 호랑이는 암소들을 공격했습니다.
10. 결국 호랑이는 그들 전부를 잡아먹었습니다.

| 새로운 이야기 해석 |

1. 옛날에 농장에 네 마리의 양들이 살았습니다.
2. 그들은 좋은 친구였고 항상 함께 풀을 뜯었습니다.
3. 어느 날, 늑대 한 마리가 양들을 지켜보고 있었습니다.
4. 하지만 그는 다가가지 않았습니다.
5. 늑대가 말했습니다. "나는 네 마리의 양들과 동시에 싸울 수는 없어."
6. 그러던 어느 날 아침, 양들은 싸웠습니다.
7. 그래서 그들은 멀리 떨어져 풀을 뜯었습니다.
8. 그러나 양들 중 한 마리가 말했습니다. "화해하자! 혼자 있는 것은 위험해."
9. 네 마리의 양들은 서로에게 사과했습니다.
10. 그래서 늑대는 그들을 공격할 수 없었습니다.

memo

 memo

영어 글쓰기가 즐거워지는 1일 1습관

★ ★ ★
영어 실력은 물론 창의력도 함께 쑥쑥!
따라 쓰고, 바꿔 쓰면서 익히는 영어 글쓰기

1. 이솝 우화를 원어민 mp3를 들으며 재미있게 읽는다.

2. 등장인물과 장소를 바꿔 새로운 이야기로 만들어 본다.

3. 새롭게 바뀐 이야기를 써 본다.